Hans-Jürgen Wünschel

Lebendige Pfalz

Nachdenkliches

... denken Sie doch, was kann da nicht alles vorgekommen sein in einer alten Familie. Vom Rhein noch dazu. Und jetzt stellen Sie sich doch mal ihre Ahnenreihe vor. Da war ein römischer Feldhauptmann, ein schwarzer Kerl, braun wie ,ne reife Olive, der hat einem blonden Mädchen Latein beigebracht. Und dann kam ein jüdischer Gewürzhändler in die Familie, das war ein ernster Mensch, der ist noch vor der Heirat Christ geworden und hat die katholische Haustradition begründet. Und dann kam ein griechischer Arzt dazu, oder ein keltischer Legionär, ein Graubündner (Schweizer) Landsknecht, ein schwedischer Reiter, ein Soldat Napoleons, ein desertierter Kosak, ein Schwarzwälder Flözer, ein wandernder Müllerbursch vom Elsass, ein dicker Schiffer aus Holland, ein Magyar, ein Pandur, ein Offizier aus Wien, ein französischer Schauspieler, ein böhmischer Musikant, das alles hat am Rhein gelebt, gerauft, gesoffen und gesungen und Kinder gezeugt ...

In solch bildhafter Sprache drückte der rheinhessische Dichter Carl Zuckmayer in seinem Schauspiel *Des Teufels General* die seit Jahrhunderten bestehende vielfältige Vergangenheit der Bewohner dieser Landschaft am Rhein aus. Er nennt auch Namen wie Beethoven oder Gutenberg, die hier gelebt haben. Doch kennt Geschichte nur Berühmtheiten? Unbekannte sind es doch, die über Jahrhunderte beteten und arbeiteten, oft genug aber auch von den Berühmtheiten verführt wurden und noch werden. Wir erinnern an bekannte und unbekannte, „große" und „kleine" Personen, die in der Pfalz geboren wurden oder deren Denken und Handeln die Pfälzer in den letzten 200 Jahren beeinflusst haben.

Eine gedankenlose Liebelei.
Johann Wolfgang von Goethe (1749-1832)

Die Schnake ist ein lästiges Insekt. Besonders die Bewohner der Dörfer am Rhein, an den Altrheinarmen an Seen und Tümpeln können davon ein Lied singen. Fluchtartig muss man oft die Auen verlassen, um nicht von den Schnaken zerstochen zu werden. Besonders die Rheinschnake ist seit Jahren das Ziel von Aktionen, die bisher sehr erfolgreich auf biologischem Wege gegen die Plage zu Felde ziehen und das Sitzen im Freien an lauen Sommerabenden wieder möglich macht.

Sicher fiel so manch zarte Umarmung in den Rheinniederungen auch dieser Plage zum Opfer. Doch was so profan klingt, hat der deutsche Dichterfürst Johann Wolfgang Goethe viel prosaischer beschrieben, haben doch schon vor 200 Jahren Schnaken Goethes Liebelei bzw. Friederikes ernst gemeinte Liebe gestört.

Goethes Vater hatte im März 1770 seinen Filius zum Studium der Rechte nach Straßburg geschickt, wo es ihm leidlich gefiel, er aber alles andere im Kopf hatte als den Auftrag seines Vaters. Natürlich wurde von der Fakultät die Dissertation Goethes abgelehnt:

Der junge Mann, aufgeblasen von seinen Kenntnissen, wollte eine Arbeit vorlegen...*wir sind aber so gütig gewesen, ihm den Druck zu verbieten...*

Der junge Johann Wolfgang kümmerte sich also kaum um seine Studien, dafür ließ er sich's bei den Verwandten seines Tischgenossen Weyand gut gehen. Er verkehrte wochenlang im Haus des Pastors Brion im elsässischen Sesenheim, dessen beide Töchter es Goethe angetan haben. Man tanzte, spielte, neckte sich, liebte sich, saß in der Laube beisammen oder machte Spaziergänge in die nahe Umgebung und Ausflugsfahrten an den Rhein.

Mit der achtzehnjährigen Tochter Friederike – *im deutschen Kostüm mit kurzem Rock, der die niedlichsten Füße sehen ließ. lange blonde Zöpfe bis auf die Kniekehlen, ein Stumpfnäschen, blaue Augen* – erkundete Goethe Hagenau und Philippsburg. Sie fingen im Rhein Fische und brachten *ohne Barmherzigkeit die kühlen Bewohner des klaren Rheines in den Kessel, auf den Rost, in das siedende Fett und hätten uns hier in den traulichen Fischerhütten angesiedelt, hätten uns nicht die entsetzlichen Rheinschnaken nach einigen Stunden wieder weggetrieben.*

In seinen Erinnerungen *Dichtung und Wahrheit* kann man nachlesen, wie verdrießlich Goethe war, störten doch die Quälgeister so manche traute Stunde mit Friederike:

Diese unerträgliche Störung einer der schönsten Lustpartien, wo sonst alles glückte, wo die Neigung der Liebenden mit dem guten Erfolge des Unternehmens nur zu wachsen schien...

Nach solch unterbrochener Zweisamkeit wieder ins Pfarrhaus zurückgekehrt, fing er einmal mit dem Pfarrer einen gotteslästerlichen Disput an. *Ein Gott, der solche*

Plagegeister erschaffen habe, könne nicht gut und weise sein! Nicht ein Engel mit flammendem Schwert habe Adam und Eva nicht aus dem Paradies getrieben, sondern die Schnaken des Euphrat und Tigris!

Der Pastor besänftigte und belehrte Goethe: *Die Quälgeister seien erst nach der Vertreibung aus dem Paradies entstanden und wenn sie dennoch schon vorher herumgeflogen wären, so doch nur angenehm summend und nicht stechend.*

Doch nicht die Schnaken verhinderten, dass Goethe, der eine ganze Weile, wie sein Biograph Richard Friedenthal schreibt, mit dem Mädchen gegangen war, vielleicht auch zu weit gegangen war, seine Versprechen wahr machte, sondern die typisch Goethesche Manier, sich Frauen zu nähern. Er lebte das Motto des elsässischen Liedes vom Hans im Schnakenloch: *Der Hans im Schnakenloch het alles, was er will. Und was er het, des will er net, und was er will, des het er net.*

So reichte Goethe zum Abschied, überheblich wie er nun mal sein ganzes Leben lang war, vom Pferd herab Friederike noch einmal die Hand. Jahre später dichtete er: *Ich ging, du standst und sahst zur Erde, und sahst mir nach mit nassem Blick...*

Friedenthal meint, dass Schnakenstiche des Gewissens Goethe hätten plagen müssen, doch dieser Blick auf die Opfer, die Goethes Leben begleiteten, kümmerten den „Genius" wenig. Sein elsässischer Freund Jakob Michael Lenz, der vergebens die Verlassene umwarb, sprach von einem Menschen, welcher zu Friederike kam und ihr als Kind das Herze nahm. Friederike Brion starb 1813 an gebrochenem Herzen. Sie soll ihr Kind im Findelhaus untergebracht haben.

Ein französischer Imperialist.
Napoleon Bonaparte I. (1769-1821)

Werner Maser, einer der kenntnisreichsten Historiker, die über das Dritte Reich und seinen Führer geschrieben haben, vergleicht Napoleon I. mit Adolf Hitler. Viele Studenten wiesen bei einer Klausur folgende Bewertung Saddam Hussein oder auf Winston S. Churchill zu:

Er hat sich außerhalb der bürgerlichen und sozialen Beziehungen gestellt und sich als Feind und Störer des Weltfriedens der öffentlichen Ächtung ausgesetzt... außerdem hat er sich als unverbesserlicher Feind der öffentlichen Ruhe erwiesen und fortan keinen Anspruch mehr auf den Schutz irgendeines Vertrages oder Gesetzes....

Mit dieser Verdammung durch die Siegermächte wurde am 13. März 1815 der Kaiser der Franzosen versehen. Sie wurde von den führenden Staatsmännern der europäischen Nationen zu Beginn ihres triumphalen Feldzuges gegenüber dem imperialistischen Führer der Franzosen unterzeichnet. Mit der Benennung als *Feind und Störer des Weltfriedens* wurden Begriffe aufgenommen, die seit dem Mittelalter zur Bezeichnung des Antichristen, des Teufels, dienten. In der Bibel wird dieser als *Perturbator* genannt, als der *Durcheinanderbringer* der göttlichen Ordnung. Doch viele deutsche Fürsten, die nun diesen Bannfluch aussprachen, hatten zur Zeit seiner Größe ganz schön von ihm profitiert. Sie dachten nicht daran, die „Profite" nach dem Bannfluch wieder zurückzugeben. Waren nicht Bayern und Württemberg von Napoleon zu Königreichen erhoben worden? Sie blieben dies auch als Napoleon schon auf St. Helena in der Verbannung war. In den Gebieten des seit 1801 bis 1816 zu Frankreich gehörenden linken Rheinufers waren die französischen Errungenschaften des Bürgerlichen Gesetzbuches eingeführt worden - diese dienten dann als Vorbild für die Rechtsentwicklung in Deutschland.

Es war damals schon wie in den folgenden Jahrzehnten: Man verfluchte den Diktator, lehnte aber die persönlichen empfangenen Wohltaten nicht ab. Dies galt für die Zeit Napoleons, dies galt für die unter Hitler empfangenen „Errungenschaften", auch für die „Errungenschaften", die die D"D"R hinterließ. Das System Hitlers schaffte die Konfessionsschule ab; sie wurde zum Zeichen der Gegenbewegung zum antichristlichen Staat des Dritten Reiches nach 1945 wieder eingeführt, um dann als Zeichen von Fortschritt in den 60er Jahren erneut abgeschafft zu werden. War dies dann unter Hitler nicht auch fortschrittlich? Unter Hitler erfreute sich die Homosexualität fröhlicher Urstände, heute muss sich ein Politiker fast schämen, nicht zu den Schwulen zu gehören.

In Sonntagsreden wird immer noch das Ende der D"D"R gepriesen, doch gilt seitdem die dort 40 Jahre lang vollzogene Zerstörung der Familie als bundesrepublikanisches Zukunftsmodell, es genügt ja, wenn sich die Familie abends vor dem Fernseher trifft, um die goldige Zeit der zweiten Diktatur auf deutschem Boden weich und weiß gewaschen anzusehen.

Wie schwierig also ist die Bewertung historischer Vorgänge, besonders aber von Personen, die Geschichte geschrieben haben? Soll man auf diese Probleme aufmerksam machen? Wie kann man diese der nachwachsenden Generation vermitteln? Doch seit Jahrzehnten behandelt der Geschichtsunterricht in den Schulen meist nur die 12 Jahre der Herrschaft des Nationalen Sozialismus und blendet Jahrtausende Menschheitsgeschichte aus..

Napoleon I. wurde 1804 zum Kaiser der Franzosen gekrönt bzw. krönte sich selbst und wurde dann zehn Jahre später als Teufel beschrieben. Seitdem dürfte eigentlich die Entschuldigung kommender Generationen *Ja, wenn ich das gewusst hätte, dann...* nicht mehr gelten.

Am 2. Dezember 1804 versammelte sich in der Kathedrale von Paris eine illustre Gesellschaft, um dem Schauspiel der Selbst-Erhebung des Feldherrn aus Korsika zum Kaiser der Franzosen zuzusehen. Selbst der Papst wurde dorthin zitiert und kam auch.

Napoleon I., 1769 in dem gerade französisch gewordenen korsischen Ajaccio geboren, durch die Revolutionswirren an die Spitze des französischen Staates gespült, hatte die 1795 durch Preußens Hochverrat ausgelöste Schwäche des Heiligen Römischen Reiches Deutscher Nation geschickt ausgenutzt und in der Gunst der Stunde endlich ein Kaisertum, das spätestens seit dem 16.

Jahrhundert das Ziel der französischen Herrscher gewesen ist, errichtet. Sein Tun sollte ihm kaiserliche, d.h. imperiale Macht verleihen, die am besten durch blutrünstige Taten der Welt kundgetan wird. Goethe bezeichnete denn auch den Tatendurstigen als *Genie*.

Kaum Kaiser, ging das seit 1789 von Frankreich aus staatlich verordnete Töten in Europa weiter: Ein Staat nach dem anderen wurde zur Ehre Frankreichs mit Krieg, Leid und Mord überzogen, Tote und Geschändete blieben zurück: Spanien, Italien, Bayern, Baden, Württemberg, Preußen, Holland und Russland – überall tauchte die imperialistische Soldateska des Kaisers auf, unterstützt von armseligen Kreaturen, die, wie immer in Zukunft, so auch damals, sich im Glanz des Siegers sonnten und ihm zu Kreuze krochen.

Etwa 18 000 pfälzische Männer wurden unter Zwang zur Armee des imperialistischen französischen Kaisers eingezogen. Glück hatte, wer unter 1,54 m groß war, Hämorrhoiden hatte, verheiratet oder taub war - er blieb vom Kriegsdienst verschont. Wer den Marschbefehl erhielt, hatte eben Pech. Wer desertierte, aber gefasst wurde, hatte mindestens 500 Franken Strafe zu zahlen bzw. die Eltern mussten mit ihrem Vermögen einstehen.

Wie viele Pfälzer die egoistischen imperialistischen Abenteuer des Kaisers überlebten, ist nicht mehr erforschbar. Nimmt man überlieferte Zahlen von Gefallenen aus anderen deutschen Landen, so kann man davon ausgehen, dass etwa 5 000 pfälzische Konscribierte ihr

Blut für den Größenwahnsinn eines Franzosen ließen. Aktive Widerständler wurden damals wie später gemordet, an sie wurde damals wie später kaum erinnert.

Wer kennt noch Andreas Hofer, den Wirt aus dem Passeiertal in Südtirol, der in Mantua hingerichtet wurde? Die Tiroler Hymne singt:

Zu Mantua in Banden, der treue Hofer war, in Mantua zum Tode führt ihn der Feinde Schar. Es blutete der Brüder Herz, ganz Deutschland, ach, in Schmach und Schmerz.

Wer kennt diesen Text? Das Gemälde von Goya *Die Erschießung der Aufständischen von Cadiz* war früher noch Gegenstand für den Kunstunterricht; wer fragt aber im Banne der Jumelages heute nach dem Leid der Unterdrückten, die in Napoleons I. Namen erschossen wurden? Dass Reichspropagandaminister Goebbels 1943 seine berühmte Sportpalastrede über den totalen Krieg mit dem Aufbäumen Theodor Körners und dem Heldentum des Schillschen Freikorps gegen Napoleon I. unter der Losung *Ein Volk steht auf, der Sturm bricht los* versehen hat, kann nur als Pervertierung politischen Denkens bezeichnet werden.

Haben wir heute keinen Anlass mehr, uns gegen Übergriffe von Staat und Gesellschaft zu wehren? Doch wer dichtet und malt heute?

Ab 1804 also gab es in Europa zwei Kaiser. Den einen, Franz. II., der in der Tradition Karls des Großen stand, und Napoleon I., den Emporkömmling, der mangelnde Legitimität durch endlose imperiale Siege auf dem Schlachtfeld ersetzte. Seine Erfolge, seine Versprechungen ließen die deutschen Fürsten wankelmütig werden. Sie verließen das alte Herkommen, ihren Kaiser Franz II., und schlugen sich im 1806 gegründeten *Rheinbund* auf die Seite der Macht.

Ein Vorgang, der in der europäischen Geschichte wiederholt zu beobachten ist. Macht kommt in der Regel vor Recht! Wie damals im Jahre 754 als die Frage gestellt wurde, wer in der *Francia* regieren sollte: der legitime Herrscher, allerdings ohne Machtmittel, oder der Emporkömmling, der Herrschaft ausüben konnte, da er zur erfolgreichen Anwendung von Gewalt bereit war. Damals entschied der Papst zugunsten des Emporkömmlings Pippin I. und begründete damit den Aufstieg der Karolinger, und wenig später den Beginn des Römisch-deutschen Kaisertums, das durch Napoleon I. 1806 beendet wurde.

Nun bei der Kaiserkrönung 1804 war der Papst auch dabei. Doch nur als Zuschauer. Er legitimierte nicht mehr Kraft seines Amtes und seiner Handlungen, sondern nur noch durch seine Anwesenheit. Wenn man so will, wird bei dieser Krönung auch der Niedergang der katholischen Kirche sichtbar. Sie ist nur noch Schmuckstück, „es ist halt so üblich dabei zu sein", so wie man sich heute nur der von den Vertretern der Kirche durchgeführte Zeremonie bei Taufe, Hochzeit, Begräbnis bedient, kaum mehr aber den Sinngehalt des Vorganges begreift bzw. begreifen will oder noch kann.

Aufgrund der erfolgreichen Volksabstimmung vom November 1804, die Napoleon I. 3.572 329 Ja-Stimmen und 2.569 Nein-Stimmen einbrachte, fehlte ihm nur noch die Zustimmung von Gottes Gnaden. Die demokratische Weihe hatte er nun, die göttliche musste hinzukommen! Doch damit verstieß er gegen den Geist der Revolution, die letztendlich sich doch gegen die Monarchie durchgerungen hatte. Geschickt aber wie er nun einmal war, verband er am Tag der Erhebung zum Kaiser der Franzosen traditionelle und revolutionäre Elemente und versöhnte damit das Alte Reich mit der Gegenwart und Zukunft, eben wie der Führer des Nationalen Sozialismus, Adolf Hitler, am *Tag von Potsdam* im März 1933.

Papst Pius VII. hatte die Einladung nach Paris zu kommen, auch in der Hoffnung angenommen, einige Vorteile für die von der Revolution stark gebeutelte Kirche erhalten zu können – ähnlich wie im Jahre 1933 der politische Katholizismus sich die Zustimmung zum Ermächtigungsgesetz durch das Versprechen von Vergünstigungen für die Kirche erkaufen ließ. Doch weder Napoleon I. noch Hitler dachten jemals, ihre Versprechen einzulösen.

Am Tag der großen Zeremonie, am 2. Dezember 1804, fand in Gegenwart des diplomatischen Corps, des Hofes, der Vertreter der Städte und der Kammern in der

Kirche Notre Dame die grandiose Feier statt, die uns durch das Gemälde von Louis David bekannt ist. Der Papst musste zusehen wie Napoleon I. sich selbst krönte und dann seiner Frau Josephine die Krone aufsetzte. Die „Zutaten" – Kirche und Papst – stellten dem Publikum den Vorgang in die überlieferte Tradition der Königs bzw. Kaisererhebung. Doch kaum hatte sich der Papst entfernt, gab sich nun der Kaiser als gekrönter Vertreter der siegreichen Revolution. Feierlich besiegelte er diesen Vollzug:

Ich schwöre, die Unversehrtheit des Staatsgebietes der Republik zu erhalten, die Gesetze des Konkordates und die Glaubensfreiheit, die Gleichheit vor dem Gesetz, die politische und bürgerliche Freiheit, die Unwiderrufbarkeit des Verlaufs der Nationalgüter selbst zu respektieren und dafür zu sorgen, dass dies alles respektiert wird, Steuern und Abgaben nur kraft Gesetzes zu erheben, die Institution der Ehrenlegion beizubehalten und nur unter dem Gesichtspunkt des Interesses, des Glücks und des Ruhmes des französischen Volkes zu herrschen.

Der französische Schriftsteller Honoré de Balsac verstand dies in seinem Roman *Les Paysans* als eine Bestätigung der revolutionären Ideen durch den neuen Kaiser in Europa. Doch war dies wirklich notwendig? Ersetzte Napoleon I. nicht durch diese Krönung seine frühe, revolutionäre, auf Waffen gestützte Legitimation?

Die Krönung sollte ihn in den Augen der europäischen Monarchen ebenbürtig machen. Doch dann bemächtigte sich die Hybris Napoleon I, denn er eiferte nach, was die Revolution abgeschafft hatte: Er begann eine Dynastie zu gründen und verteilte die Kronen europäischer Königreiche innerhalb seiner Familie. Jean Tulard schreibt in seiner faszinierenden Napoleonbiographie:

... weil Napoleon I das Ziel der Revolution aus den Augen verlor… wurde er zur Abfassung seiner Memoiren auf die Insel St. Helena geschickt.

Nicht nur der militärische Misserfolg (1812-1815) zerstörte die Herrschaft, sondern auch seine nicht mehr vorhandene Legitimität verursachte sein Desaster, seine Beschreibung als *Teufel*.

Dennoch, die Ablehnung des gestürzten Kaisers währte nicht lange, weder in Frankreich, noch bei manchen europäischen Intellektuellen. Hatte nicht das Kaiserreich für Vollbeschäftigung und für Brot gesorgt? Blieb nicht das Bürgertum bei seinen von der Revolution erhaltenen Privilegien? Hatte nicht unter Napoleon I. die Verteilung der Nationalgüter sichtbare Erfolge gehabt? Was ist, wenn die Reaktion dies alles zunichte machte? Selbst den ehemaligen Soldaten, die als Invalide untätig zuhause saßen, musste doch die Erinnerung an ihre Feldzüge zur Sinnvermittlung für ihre körperliche Schwäche dienen, wie die bald in pfälzischen Landen errichteten Napoleonsbänke zeigen..

Es begann die Zeit der Abfassung von immer mehr Berichten und Legenden, in denen die Taten des Eroberers glorifiziert wurden. Die Kaiserzeit wurde zur *guten* alten Zeit, seine Gesetze als rheinische Institutionen von der späteren Geschichtswissenschaft als der Beginn der bürgerlichen Freiheitsrechte in Deutschland gefeiert. Die Deidesheimer lassen seitdem an jedem Pfingstdiensttag das *Geisbockspiel* aufleben, hatte doch der Kaiser ihnen zu Ehren am 26.11.1808 in seinem Feldlager vor der spanischen Stadt Aranda de Duero in einem Schiedsspruch einen alten Brauch der beiden Städte Lambrecht und Deidesheim wieder aufleben lassen und sanktioniert.

Las Cases veröffentlichte 1823 die Erinnerungsschrift *Memorial de Sainte Hélene*, die angeblichen Erinnerungen des Kaisers. Sie wurden zum größten Bucherfolg des 19. Jahrhunderts! Las Cases schreibt auch noch, der Kaiser habe gesagt, dass die Revolution trotz aller Schrecken die wahre Ursache für die Gesundung der Sitten gewesen wäre und dass die großen Ideen weiterhin gelten müssten. Also: Napoleon I. wurde abgeschafft aber die durch ihn geschaffenen Zustände blieben. Ähnlich wie 1990: Honecker und seine Genossen wurden abgeschafft, doch anschließend der menschenverachtende Sozialismus und seine Errungenschaften in ganz Deutschland eingeführt.

Für die Zukunft wurde des Imperialisten Werk zum Ruhme Frankreichs fortgeführt Victor Hugo und Alexandre Dumas fingen an, Napoleon I. poetisch zu verklären. Honoré de Balsac und Alfred de Musset folgten und legten die intellektuellen Grundsteine für seinen späten Nachfolger: Napoleon III.

Dieser verstand es geschickt wie sein Vorgänger, mit Plebiszit und Referendum zu regieren. Die Versöhnung der Revolution mit der Monarchie auch bei ihm. Doch die europäischen Herrschaften sahen in ihm auch nur den Aufsteiger, dessen Niederlage gegen die Preußen 1870 ein *Segen des Himmels* war, wie die englische Königin Victoria 1871 meinte.

Doch je mehr Napoleon III. versagte, desto stärker strahlte der Glanz seines Vorgängers. Die Sehnsucht nach einer Auferstehung des Kaisers von 1804 findet ihren Weg in die europäische Literatur: Bei Fjodor Michailowitsch Dostojewski ruft Raskolnikow: *Ja, ich wollte Napoleon sein, deshalb habe ich getötet!* Der Kaiser wirkt durch Lew Nikolaewitsch Tolstoi in *Krieg und Frieden*, und auf und durch Friedrich Nietzsche in seiner Schrift *Fröhliche Wissenschaft*. Selbst Rudyard Kipling verfasst eine Erinnerung *A Saint Helena Lullaby* und Conan Doyle legt sich neben Sherlock Holmes mit dem großen Schatten an. Hector Berlioz komponiert 1835 ebenso über Napoleon I, wie Arnold Schönberg 1943 eine *Ode* Napoleon I. widmet.

Filme bemächtigten sich der Person, sei es Veith Harlans *Kolberg* (1944) oder die vielen Arbeiten der Regisseure Ford, Walsh, Vidor und Sidney. Kaum eine historische Person wurde so oft verfilmt wie eben der 1. Kai-

ser der Franzosen. Selbst zu Beginn der Entspannungs-
politik 1970 versuchte der Russe Sergej Bondartschouk
in *Waterloo* die Vergangenheit zu aktualisieren. Der un-
historische Schmachtfetzen des ZDF zu Beginn des
Jahres 2004 bleibe unerwähnt. Entsprechend dem Niveau des Fernsehens bietet Napoleon I. und seine Herrschaft auch in Zukunft alles:

Frauen in der Darstellung der untreuen Marie Louise,
der frivolen Josephine, der zu Herzen gehenden Maria
Walewska; für die Marxisten und Sozialisten kann er als
Garant der Abschaffung des Feudalsystems dienen; die
Diplomaten eifern vielleicht seiner „grauen Eminenz"
Charles Maurice Talleyrand nach. Sein Polizeiminister
Joseph Fouché könnte sich als stolzer Wegbereiter eines
funktionierenden Geheimdienstes präsentieren. Merk-
würdig ist bei allen Filmen und Romanen: Napoleon
steht im Mittelpunkt, ja. Doch vergessen ist das Leid,
das dieser französische Imperialist über Europa gebracht
hatte. Das ist ein eine Präsentation eines historischen
Stoffe, das die Großen, die Edlen, die Helden beschreibt. Sollte nicht einmal das unsäglichen Opfer der
Pfälzer, Schweizer, Spanier, Holländer, Polen, Russen,
Italiener, Österreicher, Franzosen, Tschechen und Ungarn im Mittelpunkt einer neuen Erzählung stehen?
Können wir uns eine Darstellung über die Zeit 1933-
1945 vorstellen, die die Millionen von Opfern der
Kriegs- und Gewaltherrschaft der Sozialisten vergäße?

Was bleibt von Napoleon I.? Mehr als ein geniales Scheusal wie ihn Patrick Süskind in seinem Roman *Das Parfüm* nennt?

Die Ahnfrau des Prinzen Charles von England.
Maria Salomea Schweppenhäuser (1755-1833)

Kinder fühlen sich oft bei den Großeltern wohl. Das war in vergangenen Zeiten vielleicht noch üblicher als heute. Dass ein solcher Aufenthalt aber auch die Chance bietet, neue, andere Leute kennenzulernen und sie zu beeinflussen, sollte man nicht unterschätzen, zumal dann, wenn Oma und Opa nicht unter einem Dach mit den Eltern wohnen. Vor über zweihundert Jahren wurde für die Tochter eines südpfälzischen Pfarrers die Freundschaft zu gleichaltrigen Mädchen, die bei ihrer Großmutter weilten, zum Schicksal. Doch nicht nur ihr persönliches Leben wurde dadurch verändert. Ihre Kinder sollten in den nächsten Jahrzehnten die Throne Europas besetzen.

Um das alles zu verstehen ist es vielleicht sinnvoll, eine kleine Anleihe bei Goethe zu nehmen. Eben jenem Goethe, den wir auch wegen seiner vielen Liebschaften kennen. Eine davon war Friederike Brion, die er in seinen Lebenserinnerungen *Dichtung und Wahrheit* so anmutig beschreibt. Friederike Elisabeth war die Tochter des protestantischen Pfarrers Johann Jakob Brion der elsässischen Gemeinde Sesenheim. Sie war befreundet mit der 1751 geborenen Marie Salomea Schweppenhäuser, einem gleichaltrigen Mädchen, ebenfalls Pfarrerstochter, die in der Nähe von Bergzabern, in dem Dorf Oberotterbach lebte. Ihr Vater war bis zu seinem frühen Tode von 1757 bis 1760 Pfarrer in Sesenheim gewesen.

Im benachbarten 1723 wieder aufgebauten Schloss von Bergzabern weilten oft die Töchter von Karoline-Henriette, Frau des in Pirmasens residierenden Landgrafen Ludwig IX. von Hessen. Auf dem Altersruhesitz ihrer Großmutter fühlten sich die Enkelinnen Friederike, Caroline, Luise, Amalie und Wilhelmine wohl. Zusammen mit den befreundeten Pfarrerstöchtern durchstreiften sie Felder und Wälder. Besonders zwischen Wilhelmine und Marie Salomea entstand eine herzliche Freundschaft, die noch intensiviert wurde als Marie Salomeas Vater Pfarrer im nahe Bergzabern gelegenen Oberotterbach wurde. Mitten in dem sorglosen Treiben der Mädchen schlug im Sommer 1772 das Schicksal zu. Friedrich der Große, König in Preußen, hatte an Landgräfin Karoline Henriette geschrieben: *..es handelt sich um keine Kleinigkeit, Madame, sondern darum, ob eine Ihrer Töchter den Thron von Russland besteigt oder nicht.* Madame antwortete: *...ich fühle den ganzen Wert der Güte, mit der Ew. Majestät mich beehren...*

Glücklich ist die Landgräfin, zeigten doch endlich ihre Bemühungen, ihre Töchter vorteilhaft zu verheiraten, Früchte. Sie selbst hatte ihre Töchter malen lassen und ihre Portraits auch an den Zarenhof geschickt. Nach langer Beratung wurde Tochter Wilhelmine auserwählt, die Frau des russischen Thronerben Paul zu werden.

Trotz einiger Widrigkeiten, bei denen der preußische König mit Hilfe des späteren Generals des amerikanischen Unabhängigkeitskrieges Friedrich Wilhelm Steuben bei Zarin Katharina der Großen intervenierte, wurde endlich am 10. Oktober 1773 in Petersburg die Hochzeit zwischen der Prinzessin aus hessischem Hause und dem Thronfolger Paul gefeiert. Wilhelmine hatte auf ihrer Reise nach Russland auch ihre Freundin Marie Salomea Schweppenhäuser aus Oberotterbach mitgenommen. Sie blieb in ihrer Gesellschaft und begleitete sie auch auf manchen Reisen. Bei einem Besuch Warschaus lernte sie Friedrich Wilhelm Hauke, einen sächsischer Artillerieoffizier und Sekretär des im Dienste des Wettiner August III. stehenden Gouverneurs Graf Brühl kennen. Marie Salomea verliebte sich unsterblich in Friedrich. Beide heirateten sofort und ein Jahr später, 1775, konnte die zwanzigjährige Pfarrerstochter aus der Südpfalz die Geburt des Sohnes Johann Moritz nach Hause melden. Es war die Zeit des Kampfes von Preußen, Österreich und Russland um die Aufteilung Polens, die für den jungen Moritz zum Schicksal wurde. Mit 14 Jahren trat er als Kadett der polnischen Armee in die Fußstapfen seines Vaters und kämpfte unter dem polnischen General Kosciuszko. Mit 21 Jahren war er bereits Oberst. Polen wurde von den umliegenden Großmächten 1795 endgültig zerstückelt und aufgeteilt, dann wenige Jahre später von Napoleons I. Truppen besetzt.

Unter dem General der französischen kaiserlichen Armee Jan Hendryk Dombrowski (Vater des Dombrowski-Marsches *Noch ist Polen nicht verloren*, der heute noch als Nationalhymne gesungen wird) setzte Moritz seine militärische Karriere fort. Von nun an nannte sich der Sohn der Pfälzerin Marie Salomea Schweppenhäuser

Maurice Hauke. Er erwarb sich große Verdienste bei der Verteidigung der Feste Zamocs gegen anstürmende Russen. Dennoch, Napoleon I. verlor 1812 und musste sich geächtet als Feind der Menschheit ins Exil begeben. Die europäischen Karten wurden neu gemischt. Maurice Haukes militärische Qualitäten wurden auch beim Zaren von Russland geschätzt, so dass er zum Oberbefehlshaber der in Kongress-Polen stationierten russischen Truppen ernannt, dann zum General und Kriegsminister befördert wurde. Schließlich erhob ihn Zar Nikolaus I. 1826 in den Adelsstand.

1811 hatte Maurice Sophie Lafontaine, die Tochter einer Ungarin und eines französischen Arztes geheiratet. Als zehntes Kind wurde ihnen 1825 Julie Therese Salomea geboren. Sie musste als Fünfjährige mit   ansehen, wie ihr Vater 1830 von polnischen Aufständischen als Verräter gegenüber der polnische Sache ermordet wurde. Sophie brach das Herz. Ihre verwaisten Kinder wurden von Zar Nikolaus I. am Hof in Petersburg aufgenommen. Dort sollte Julie Therese Hauke wieder wie ihre Großmutter in eine schicksalhafte Begegnung mit dem Haus Hessen kommen. Im Jahr 1841 war nämlich die künftige Braut des Zarewitsch, die hessische Prinzessin Marie, nach Petersburg gekommen, um ihren späteren Ehemann Alexander näher kennenzulernen. Die 16jährige Julie Therese, bestens erzogen und ausgebildet, wurde ihre Hofdame. Als Maries Bruder Alexander von Hessen-Darmstadt seine Schwester in Petersburg besuchte und dort als Garde-Kürassier Kommandeur auch eine Anstellung fand, lernte er die kleine Polin mit den pfälzisch-ungarischen Wurzeln Julie Therese kennen und verliebte sich Hals über Kopf in sie. Er war bekannt wegen seiner amourösen Abenteuer, so dass man zunächst den Flirt nicht allzu ernst nahm. Doch man sollte sich täuschen. Die beiden Verliebten waren unzertrennlich. Einer Heirat stand aber der Zar als Vormund Julies im Wege. Alexander wurde mit diplomatischen Aufträgen überhäuft, die ihn im Auftrag des Zaren drei Jahre lang durch ganz Europa schicken sollten. Man hoffte am Petersburger Hofe, dass er darüber seine Julie vergessen würde. Doch bekannte sich Alexander auch nach seiner Rückkehr zu ihr und hielt offiziell beim Zar um ihre Hand an. Dieser war so empört – sein Schwager als Mann einer Hofdame! – dass er Alexander aus seinen Diensten entließ und vom Hof jagte. Julie Therese und Alexander flüchteten und heirateten am 28. Oktober 1851 in aller Stille in Breslau. Wenig später wird im Exil in Genf die Tochter Marie geboren.

Wie reagierte der Großherzog von Hessen, der Bruder Alexanders und nun Schwager der ehemaligen Hofdame, des Fräuleins von Hauke? *Sie und ihre Brut sollten einen anständigen Namen erhalten*, so die Order Ludwigs III. Julie musste hoffähig werden. Der Name eines 1314 ausgestorbenen Adelsgeschlechtes wurde reaktiviert und auf Julie übertragen. Von nun an war sie Gräfin von Battenberg! Ein Name, den viele ihrer Kinder und Nachkommen in Zukunft führen sollten.

Julie und Alexander waren auf die Unterstützung des Bruders in Darmstadt und der Schwester in Petersburg angewiesen. Nur allmählich wurde Alexander bei europäischen Fürstenhöfen wieder geduldet. Seine diplomatischen, vermittelnden Fähigkeiten, die ihn schon früher im Auftrag des Zaren drei Jahre lang durch Europa reisen ließen, wurden in der Zeit der europäischen Krisen – Krimkrieg, preußisch-französischer Krieg, Auseinandersetzung zwischen Russland und Österreich, Frankreich und Italien usw. - genutzt und verschafften ihm im Laufe der Jahre wieder Anerkennung. Er vermittelte auch Heiraten der europäischen Fürstenhäuser. So verheiratete er Albert, den Sohn der englischen Königin Victoria, mit der Zarentochter Marie; sein Sohn Sandro wurde König von Bulgarien. Ein anderer Sohn, Ludwig, vermählte sich mit seiner Kusine Viktoria von Hessen und Rhein. Der vierte Sohn Heinrich von Battenberg wiederum heiratete Prinzessin Beatrice von England. Deren Tochter Viktoria Eugenie wurde als Gemahlin Alfonsos VIII. Königin von Spanien und damit Großmutter des heutigen Königs Juan Carlos. Der dritte Sohn von Julie und Alexander Ludwig von Battenberg wurde 1868 englischer Staatsbürger. Als Admiral und 1. Seelord war er zusammen mit Winston Churchill verantwortlich für die Aufrüstung der britischen Seestreitkräfte vor dem 1. Weltkrieg. 1917 erhob ihn der englische König Georg V. zum Marques von Milford Haven. Er selbst nannte sich nun Prinz Louis und veränderte seinen Namen Battenberg in Mountbatten. Seine Kinder machten auch Karriere: Sein Sohn Ludwig wurde Vizekönig von Indien, eine Tochter wurde Königin von Schweden, und die Tochter Alice heiratete den Prinzen Andreas von Griechenland und Dänemark. Damit sind die Eltern des heutigen Gemahls der englischen Königin Elisabeth II. genannt: Prinz Philipp ist der Sohn von Andreas und Alice von Battenberg bzw. Mountbatten geb. Haucke-Schweppenhäuser.

So wurde aus der pfälzischen protestantischen Pfarrerstochter Marie Salomea Schweppenhäuser die Ahnin des heutigen Herzogs von Edinbourgh und des 1948 geborenen künftigen englischen Thronfolgers Charles.

Haus Battenberg-Mountbatten

Friedrich M. Hauck oo Marie S. Schweppenhäuser
1737-1810   1751-1833

Maurice Haucke) oo Sophie Lafontaine
1775-1830   1790-1831

Alexander von Hessen oo Julie Salomea von Haucke
1823-1888   1825-1895

Ludwig von Battenberg oo Viktoria von Hessen
1854 -1921   1863-1950

Andreas von Griechenland oo Alice von Mountbatten
1885-1969   1882-1944

Philipp Herzog oo Königin Elisabeth II.
1921   1926

Die .Ahnfrau der Königin Elisabeth von England II.
Herzogin Luise (1800-1831)

Wiederholt sich die Geschichte oder ist alles nur Zufall? Was ist nicht alles in unseren Boulevardblättern über den englischen Königssohn Prinz Charles und seine tödlich verunglückte Frau Lady Diana geschrieben worden. Aufregend historisch ist auch der Blick in die Geschichte des englischen Königshauses zumal dann, wenn die Verbindungen nach Deutschland ins bayerische Coburg und in die Pfalz reichen, die 130 Jahre lang (1815-1945) bayerisch war.

Unser Blick geht zurück in die Zeit des Wiener Kongresses 1814/1815, der nach den imperialistischen Kriegen Frankreichs eine Neuordnung für Europa und auch für die deutschen Staaten entscheiden sollte. Dort im Kreise des hohen europäischen Adels, bei der Wiener Hofgesellschaft, in geheimen Zirkeln und auf festlichen Bällen weilte auch der Herzog Ernst August von Sachsen-Coburg und Gotha. Er sollte und wollte beim Länderschacher etwas abbekommen, doch die „besten Stücke" hatten sich schon Preußen und Bayern einverleibt, so dass ihm nur noch Ländereinen im Saarländischen und in der Westpfalz angeboten werden konnten. Dort im damaligen Fürstentum Lichtenberg, spielte in den kommenden Jahren eine Romanze, die die Gemüter erregte.

Herzog Ernst August heiratete 1816 die Tochter Luise des Herzogs von Sachsen-Altenburg. Eine kleine, zierliche aber kraftvolle Dame mit edlem Gemüt – so heißt es, sei die Luise gewesen. Zusammen mit ihrem Mann lebte sie einige Jahre auf der Feste Coburg. Sie gebar zwei Söhne, Ernst II. und Albert. Doch dann sei die Liebe des Herzogs zu seiner Luise merklich abgekühlt, was wiederum die erst 24 Jahre alte Herzogin veranlasste, sich, nach Vertrauen, Zuwendung und Liebe sehnend, in den jungen Leutnant Max von Hanstein zu verlieben. Der Ehebruch wurde bekannt, Luise vom Hofe verstoßen und in das gerade erworbene Fürstentum Lichtenberg verbannt. Die Ungetreue lebte fortan im Schlösschen in St. Wendel, ließ aber nicht von ihrem Leutnant. Kaum war 1826 ihre Ehe geschieden, heiratete Luise ihren Max von Hanstein. Max und Luise waren in saarpfälzischen Dörfern und Städten gern gesehen. Sie verkehrten in Bürgerhäusern, veranstalteten Hausbälle und pflegten guten Kontakt mit der Bevölkerung. Pfarrer Hepp aus dem Westricher Dorf Pfeffelbach war ihr besonders zugetan. Weltgewandt wie sie nun einmal war, reiste sie gern, vielleicht auch um sich abzulenken, denn ihre Kinder vermisste sie schmerzlich. Diese waren beim Vater in Coburg. Mit 31 Jahren starb Luise am 31. August 1831 an einem in der Pariser Oper erlittenen Blutsturz. Pfarrer Hepp ließ es sich nicht nehmen, die Ausgestoßene auf dem Friedhof seiner Gemeinde Pfeffelbach zu begraben. Erst 1847 wurde ihr Leichnam dann doch „standesgemäß" in Coburg begraben. Warum? Inzwischen hatte der europäische Adel seine Aufmerksamkeit auf Coburg gelenkt, denn Luises jüngerer Sohn Albert, 1819 geboren, hatte 1840 die gleichaltrige englische Königin Victoria geheiratet. Beider Tochter Viktoria, sollte 1858 die Gemahlin des deutschen Kaisers Friedrich III. (1888) und 1859 Mutter des späteren Kaisers Wilhelm II. (1888-1918) werden. Ihre Ur-Ur-Ur-Urenkelin, die heutige Königin Elisabeth II.,. gebar 1948 den Kronprinzen Charles, dessen Frau Diana sich ebenfalls aus unglücklicher Liebe einem jungen Leutnant anvertraut hatte.

Haus Sachsen-Coburg-Gotha (1840 bis 1917), ab 1917 Haus Windsor

Königin Victoria   oo Prinz Albert von Sachsen-Coburg
1819-1901   und Gotha 1819-1861

König Edward VII oo Alexandra Prinzessin von
1841- 1910   Dänemark 1844-1925

König Georg V   oo Prinzessin Maria von Teck
1865-1936   1867-1953

König Eduard VIII oo Wallis Wakefield Simpson
1894-1972   1896-1986
(abgedankt 1936)

König Georg VI   oo Lady Elisabeth Bowes-Lyon
1895-1952   1900-2002

Königin Elisabeth II oo Prinz Philipp
1926   1921

Prinz Charles   oo Lady Diana Spencer
1948   1961-1997

Ein unbekannter Verleger Eugen Jäger (1842-1926) und ein berühmter Schriftsteller. Conrad Ferdinand Meyer (1825-1898)

Der Zufall wollte es, dass ich bei der Suche nach Quellen zur pfälzischen Geschichte im 19. Jahrhundert das Gedicht *Der Deutsche Schmied* Conrad Ferdinand Meyers fand. Es erschien am 15. Juni 1871 in der Zeitschrift Palatina, dem belletristischen Beiblatt der von Johann Lucas Jäger in Speyer herausgegebenen *Pfälzer Zeitung* Nr. 71. Da bisher diese Veröffentlichung unbekannt war, sollen die folgenden Anmerkungen zum einen der Frage nachgehen, warum ein Gedicht des zu dieser Zeit noch unbekannten Schweizer Dichters in einer pfälzischen Zeitung zum Abdruck kam und zum anderen, welche Bedeutung diese Zeitung hatte, die solche, die preußisch-deutsche Einigung rühmenden Verse veröffentlichte. Der Beitrag beschränkt sich ausschließlich auf die historische Fragestellung. Künstlerische und ästhetische Aspekte des Gedichtes werden nicht behandelt, da die einschlägige Literatur dazu schon ausführlich Stellung genommen hat. Conrad Ferdinand Meyers erste Gedichte wurden 1864 unter dem Titel *Zwanzig Balladen* von einem Schweizer bei Metzler in Stuttgart anonym veröffentlicht. Der Absatz verlief jedoch nicht gerade erfreulich. Die Restauflage übernahm der Verlag Haessler in Leipzig 1867, der schließlich mehr widerwillig als zustimmend noch 46 andere Gedichte Meyers unter dem Titel *Romanzen und Bilder* verbreitete. Allgemeine Anerkennung seiner dichterischen Versuche fand

Meyer im deutschsprachigen Raum kaum. Nur sein Freund, der Historiker Louis Vuillemin, pries in einer französischen Zeitschrift dessen Dichtkunst.

Warum versuchte sich Meyer nach dem sehr bescheidenen Erfolg in deutschen Ländern weiterhin mit für den deutschen Sprachraum bestimmten Versen? Für diese Entscheidung war sein Kontakt mit der im Züricher Land beheimateten Gruppe um Francois und Eliza Wille maßgebend, zu der u. a. sich Mathilde Wesendonck, Karl Follen, Georg Herwegh, Richard Wagner, Franz Liszt, Friedrich Theodor Vischer und Gottfried Kinkel gesellten, Personen der deutschen vormärzlichen Opposition, die nach dem Scheitern der Revolution 1848/49 im Ausland Zuflucht gesucht hatten. Die deutschsprachigen Schweizer Gottfried Keller und Jacob Burckhardt vervollständigten den illustren Kreis, welcher Meyer in höchstem Maße beeinflusste. Selbstverständlich wurden auch politische Fragen diskutiert, welche es in der zweiten Hälfte des 19. Jahrhunderts mehr als genug gab.

Die seit dem Anfang der 60er Jahre des 19. Jahrhunderts sich vollendende Einigung Italiens, die von Frankreich im bewaffneten Kampf gegen Österreich durchgesetzt wurde; der Krieg des 1815 gegründeten Deutschen Bundes unter Führung von Preußen und Österreich gegen Dänemark; die zwei Jahre später stattgefundene Exekution des Bundes gegen Preußen, die mit dem Sieg des protestantischen preußischen Königshauses bei Königgrätz im Juli 1866 endete und das katholische Habsburger Herrscherhaus aus Mitteldeutschland verdrängte.

Der Protestant Meyer verfolgte diese Geschehnisse mit persönlichem Interesse so sehr, dass er in deutschen Eifer geriet. Mächtig war der Einfluss, den der überzeugte Preußenanhänger und Studienkollege des preußischen Ministerpräsidenten Bismarck, Francois Wille, auf Meyer ausübte. 1870, im Jahr der kriegerischen Auseinandersetzung der deutschen Staaten unter Führung Preußens mit Frankreich, entledigte sich der Schweizer Dichter endgültig seiner frankophilen Neigungen, er *entfranzifizierte* sich, wie er sich selbst beschrieb.

Was war geschehen? Meyer urteilte rückblickend:

1870 war für mich das kritische Jahr. Der große Krieg, der bei uns in der Schweiz die Gemüther zwiespältig aufgeregt, entschied auch einen Krieg in meiner Seele. Von einem unmerklich gereiften Stammesgefühl jetzt mächtig ergriffen, that ich bei diesem weltgeschichtlichen Anlasse das französische Wesen ab....

und bekannte:

Auch ich habe meine französischen Sympathien schwer überwunden, aber es musste in Gottes Namen ein Entschluss gefasst sein, da voraussichtlich der deutschfranzösische Gegensatz Jahrzehnte beherrschen und literarisch jede Mittelstellung völlig unhaltbar machen wird.

Diese Wendung zugunsten einer deutschen nationalen Identität verglich Meyer mit der abrupten Richtungsänderung des Rheinlaufs bei Basel. Sie sollte für wenige, aber entscheidende Monate Meyers Dichtung prägen.

In jenem Winter von 1870 auf 1871 entstanden die kurzen Stimmungsbilder meiner Dichtung Schlag auf Schlag. *Jeder Tag brachte ein neues, und jede Woche las ich sie in Marienfeld vor. Daneben stob mancher andere Funke aus dem Ambos. Der deutsche Schmied wurde gedruckt und gesungen. Ich sehe, er ist zum Volkslied geworden....*

Der Deutsche Schmied
Am Ambos steht der alte Schmied
Und schwingt den Hammer und singt sein Lied
Er steht umlodert von Feuersglut,
Die Funken spritzen wie rothes Blut.
Hell klingt der Ambos, kurz der Spruch:
„Drei Schläge thu' ich mit Segen und Fluch!
Der erste schmiedet den Teufel fest,
Dass er den Welschen nicht siegen lässt.
Den Erbfeind trifft der zweite Schlag.
Dass er sich nimmer rühren mag.
Der Dritte Schlag ertöne rein,
Er soll für die deutsche Krone sein!"
Am Ambos steht der deutsche Schmied
Und schwingt den Hammer und singt sein Lied.

Meyer verfasste dieses Gedicht Ende November, Anfang Dezember 1870.

Aufgrund seiner gegen Frankreich gerichteten Töne fand es in hiesigen deutschen Kreisen, wie Elisabeth (Betsy), die Schwester Meyers, Anfang 1871 schrieb, *freudige Aufnahme.* Besonders die anti-französischen Formulierungen wie Welsche und Erbfeind zollte dem Zeitgeist Tribut. Selbst die sonst neutrale *Züricher Zeitung* hatte sich entsprechend der allgemeinen Stimmung in vielen europäischen Ländern auf die Seite der Deutschen geschlagen. Sie schrieb am 17. Juli 1870, dass Frankreich endlich über das wahre Maß seiner Kräfte belehrt werden müsse. Meyer nahm mit dem Begriff *Erbfeind* eine Bezeichnung für die Franzosen auf, die nach der Rheinkrise des Jahres 1840 in aller Munde war. Weit verbreitet war das Opus *Der Erbfeind* des Arbeiterdichters Adolf Lepp, 1867 Mitglied des Allgemeinen Deutschen Arbeitervereins (ADAV). In ihm hieß es u. a.:

... Ach, wenn ich ihn vergiften könnte, die Sünde wär' mir nicht zu groß; ach wenn ich ihn erschlagen könnte, ich ginge mutig auf ihn los ... Ich möchte auf dem Scheiterhaufen ihn brennen sehn wie Johann Hus... Ja die verkommenen Franzosen, die schänden Tochter uns und Weib.

Selbst Emanuel Geibel dichtete im September 1870:

Es zog von West der Unhold aus..., mit allen Mächten der Höll' im Bund. Die Welt zu knechten, das schwur sein Mund. Furchtbar dräute der Erbfeind.

Damit griff Geibel auf die religiöse Bedeutung des Wortes *erbevint* zurück, das den *Satan* meint und an die Forderung Kaiser Maximilian I. erinnerte, der 1508 die Deutschen aufforderte, dafür zu sorgen, dass die Kaiserkrone nicht *in unser aller Erbfeind Hände und Gewalt*, d.h. der Franzosen falle. Auch Meyer entschied sich für die Verwendung des aktuellen politischen Schlagwortes *Erbfeind*.

Von Meyers Schwester besorgte handschriftliche Kopien des *Deutschen Schmiedes* wurden herumgereicht und verschickt. Zusammen mit zwei anderen in der deutschsprachigen Schweiz zustimmend aufgenommen Gedichten – *Germanias Sieg* und *Kindliche Sorge* – beabsichtigte Meyer, seinen Deutsche Schmied auch in den deutschen Ländern zu veröffentlichen. Doch verweigerten sich die Zeitschrift *Gartenlaube* und der Verleger F. Lipperheide, der im gleichen Jahr eine Anthologie Lieder zu Schutz und Trutz. Gaben deutscher Dichter aus der Zeit des Krieges im Jahr 1870, herausgebracht hatte. Zwar hielt er Meyers *Kindliche Sorge* für recht lieblich, den *Deutschen Schmied* stufte er aber als ziemlich unbedeutend ein, und über das dritte Gedicht *Germania* urteilte er *gar nicht gut*. Entsprechend regte er deshalb an, dass Herr Meyer die Gedichte zuerst irgendeinem Blatte einsenden möge. Erneut hatte Meyer aufgrund formaler, dichterischer Mängel keinen Erfolg. Deshalb versuchte Meyer, seine Gedichte wenigstens in Zeitungen unterzubringen. Die von Hans Zeller und Alfred Zäch besorgte *Historisch-Kritische Ausgabe der Werke von*

Conrad Ferdinand Meyer verzeichnet für die Jahre 1870 und 1871 nur einige Druckorte des *Deutschen Schmieds:*

- *Der deutsche Schmied,* Gedicht von C.F. Meyer in Zürich. Für Bariton komponiert und seinem lieben Freunde, Herrn Professor Kellerbauer, gewidmet von B. Fichtner. Chemnitz 1870.

- Schwäbischer Merkur, 13. Januar 1871. Abdruck in einer deutschen Volksliedersammlung Alldeutschland.

- Dichtungen aus den Ruhmestagen des Heldenkrieges 1870-1871. Hg. von Müller von der Werra und Wilhelm von Baensch. Leipzig 1871.

- Die Deutsche Schaubühne. Organ für Theater, Musik, Kunst, Literatur und sociales Leben. Hg. von Martin Perels. Berlin, 12. Jg. 4. Heft, 1871.

- Rheinische Zeitung, 25. Oktober 1871.

Mit Blick auf diese wenigen Druckorte ist wohl nicht ganz einfach die Behauptung zu erklären, dass dieses Gedicht überaus erfolgreich verbreitet wurde, ja sogar als Volkslied diente. Die bisherige Forschung hat versäumt, systematisch die unzähligen damals erschienen Zeitungen danach zu durchsuchen. Allein in der Pfalz wurden 1870 bei einer Bevölkerungszahl von 615 035 Einwohnern 34 Zeitungen mit einer Gesamtauflage von über 35 000 Exemplaren vertrieben. Sicher gibt es noch die eine oder andere Belegstelle, um die wahrscheinlich richtige Behauptung der weiten Verbreitung dieses Gedichtes zu untermauern.

Die in dem belletristischen Beiblatt *Palatina* der *Pfälzer Zeitung* im Jahr 1871 veröffentlichte Fassung *Der deutsche Schmied* ist mit der Unterschrift C. Ferdinand Meyer aus Zürich, December 1870 versehen. Dies könnte darauf hinweisen, dass es sich dabei um eine Fassung handelt, die Meyer unter dem Datum vom 10. Dezember 1870 an Mathilde Wesendonck zur Publikation in deutschen Organen geschickt hat. Die Speyerer Fassung orientiert sich an der Handschrift H 26 der Schwester Conrad Ferdinand Meyers, Betsy, die seine Texte vervielfältigte. Es ist wahrscheinlich, dass eine Abschrift direkt dem Verlag zugesandt, nicht aus einer anderen Zeitung abgeschrieben wurde, denn in solchen Fällen hatte der Redakteur bisher immer die Belegstelle angegeben. Leider ist durch Kriegseinwirkung der größte Teil des Jägerschen Nachlasses zerstört worden, so dass es heute nicht mehr möglich ist, genau den Kontakt zwischen der Zeitung und den jeweiligen Verfassern, auch mit Meyer bzw. Mathilde Wesendonck oder ihren Bekannten, welche die Verbreitung des Gedichtes besorgten, nachzuweisen. Eine Vermutung sei aber ausgesprochen:

In Zürich hatte Anfang der 60er Jahre ein Student aus Speyer studiert, dessen Vater Johann Lucas Jäger der Herausgeber der auflagenstarken und einflussreichen *Pfälzer Zeitung* war. Wäre es nicht denkbar, dass der Student Eugen Jäger am Züricher See mit der sehr rührigen deutschen „Kolonie" Kontakt hatte, in der - wie oben dargestellt - national gesinnte Männer sich trafen und diskutierten? Schließlich könnte man auch annehmen, dass Conrad Ferdinand Meyer in Erinnerung an die Begegnung mit dem deutschen Studenten sein Gedicht *Der Schmied* direkt dem Verlegersohn aus der Pfalz, der gerade in diesem Winterhalbjahr die Verlagsleitung übernommen hatte, zukommen ließ.

Die *Historisch-Kritische-Ausgabe* vermerkt, dass die Schwester Meyers das Motiv des Gedichtes in einer Erzählung des Freundes Francois Wille sieht, der über einen alten thüringischen Schmiedebrauch berichtete, das Tagwerk mit drei Spruchschlägen zu beginnen. Dieser Brauch mag zur Erläuterung der im Gedicht beschriebenen drei Schläge dienen. Doch, wie erklärt sich das Motiv des Schmiedes, der mit mächtigen Schlägen symbolisch ein *neues* Reich erschaffen will?

Der Einsatz des Hammers steht seit alten Zeiten symbolisch als schöpferisches Herrschaftszeichen. So lieferte bereits Herodot das Bild für Hammer und Ambos und Judas Makkabäus wie auch Karl Martell erhielten Beinamen, die Hammer bedeuten. Jakob Sprenger nennt sein Buch *Malleus Maleficarum - Hexenhammer*.

Meyer wurde mit dem Motiv des mit dem Hammer arbeitenden Handwerkers sicher auch auf der Italienreise vertraut, die er mit seiner Schwester Betsy im Jahr 1858 unternommen hatte. Beeindruckt von dem gigantischen Wesen und der überwältigenden Größe der in Rom besichtigten Fresken Michelangelos" schrieb er 1865 Michel Angiolos Gebet. Darin variierte er ein Gedicht des Renaissancekünstlers:

Auf, schwinge deinen Hammer mit Gewalt!
Erhabner Bildner, führe Schlag um Schlag,
Und aus den Splittern ziehe die Gestalt,
die göttliche, hervor an deinen Tag!

Diese Zeilen sind an Gott gerichtet, der Schlag um Schlag mit dem Hammer des schöpferischen Bildhauers eine göttliche Gestalt erschaffen soll. Jahrelang steht Meyer unter dem Eindruck der Begegnung mit Rom und der Kultur der Renaissance. Die Romreise sollte ihm das Tor zum Dichtertum öffnen.

Zurückgekehrt aus Italien beschäftigte sich Meyer zunächst mit Goethe, wofür er die *Sämmtlichen Werke.* *Vollständige Ausgabe in sechs Bänden, Stuttgart 1860* seiner Bibliothek hinzufügte. Vielleicht fühlte er sich beim Lesen von Goethes Venezianischen Epigrammen an die Verse Michelangelos erinnert. Dort heißt es im 14. Epigramm:

Diesem Ambos vergleich' ich das Land,
den Hammer dem Herrscher,
und dem Volke das Blech,
das in der Mitte sich krümmt.
Wehe dem armen Blech!
Wenn nur willkürliche Schläge
Ungewiß treffen,
und nie fertig der Kessel erscheint..

Möglicherweise dienten Meyer unter dem Einfluss Willes diese Strophen als Vorlage für das Gedicht Der deutsche Schmied. Meyer bewunderte den preußischen Ministerpräsidenten Bismarck, der selbst sich als Schmied des neuen Deutschland verstand, der keine „willkürlichen Schläge" austeilte, sondern das locker gefügte Deutschland, fester schmieden wollte, denn wir werden Ambos, wenn wir nichts tun, um Hammer zu werden. Mit diesem ästhetisch eher dürftigen Gedicht, das Bismarck als Schmied erkennen lässt, traf Meyer die aktuelle Stimmungslage nicht nur der deutschen Kreise in Zürich, sondern auch vieler Menschen im neuen deutschen Reich.

Seit Mitte der sechziger Jahre hatte sich Meyer mit verschiedenen Aspekten der Geschichte des Heiligen Römischen Reiches Deutscher Nation beschäftigt. So näherte er sich schon seit Jahren dem Zeitalter der Glaubensspaltung, der Person Martin Luthers und den Verteidigern des protestantischen Glaubens. Bereits 1866 begann Meyer, sich im Roman *Jörg Jenatsch* mit der Konfessionsproblematik auseinander zu setzen. Nun kann man sich fragen, ob es Zufall oder eine Richtungsentscheidung war, dass ausgerechnet eben in diesem Jahr auf den Feldern bei Königgrätz das protestantische Preußen über das katholische Österreich und Süddeutschland siegte? Mitten in der Arbeit zu *Jörg Jenatsch* vollzieht sich die Einigung Deutschlands unter preußischer Führung. Aufmerksam und mit überschäumender Begeisterung erlebte Meyer seine borussischen Freunde, besonders Wille und seinen „bismarckisch" gewordenen Vetter, den Historiker Friedrich von Wyß.

Er unterbrach seine Arbeit am Jenatsch, in der er ausgerechnet in einer Zeit der mit Blut und Eisen durchgeführten preußischen Realpolitik, die aktuell uninteressanten Ideale von Freiheit und Humanität darzulegen versuchte, und vollzog die Wendung hin zum germanisch-chauvinistischen Lager. Hatte er mit dem ästhetisch wertlosen und ethisch schändlichen Gedicht Der *Deutsche Schmied* Zustimmung erhalten, drängte sich Meyer von der hochgehenden Woge deutschen Nationalgefühles mitgerissen, die Gestalt Huttens auf. Innerlich *genöthigt*, bekannte sich Meyer zur preußisch-deutschen Einigung und dichtete *Huttens letzte Tage*, ein Versepos, dessen wesentliche Teile im Laufe des Winters 1870/71 entstanden. Im Mittelpunkt steht die Person des Papstgegners Ulrich von Hutten, der beim Schweizer Reformator Ulrich Zwingli Zuflucht gefunden hatte und auf der gegenüber von Meyers Wohnort im nahen Züricher See gelegenen Insel Ufenau gestorben war:

Aufs tiefste ergriff mich jetzt der ungeheure Kontrast zwischen der in den Weltlauf eingreifenden Thatenfülle seiner Kampfjahre und der traumartigen Stelle seiner letzten Zufluchtstätte. Mich rührte sein einsames Erlöschen, während ohne ihn die Reformation weiterkämpfte.

Mit Ulrich Hutten griff Meyer auf eine vielfach beschriebene Person der Reformation zurück, die in der Zeit des Vorrmärz zum Vorbild des Kampfes gegen Obrigkeit und Katholizismus wurde. Nicht nur Heinrich Heine, Ferdinand Freiligrath und Gottfried Keller hatten schon den Huttenstoff verarbeitet. Auch Georg Herwegh, der zur Tafelrunde von Mariafelde gehörte, hatte geschrieben:

Ufnau! Hier modert unser Heiland - Fürs deutsche Volk ans Kreuz geschlagen.

Gestützt auf die gerade erschienene Biographie des Neutestamentlers David Friedrich Strauß *Ulrich von Hutten* beschreibt Meyer in 71 Kapiteln das Leben des Reformators, sein Leiden und seine Ideale. Im Anschluss an die Verse über die Deutsche Libertät folgt mit Kapitel 27 *Der Schmied.* Darin nimmt Meyer das Motiv auf, das er schon in seinem erfolgreichen, aber berüchtigten Gedicht der Deutsche Schmied thematisiert hat.

Der Schmied
Am Ufer drüben seh' aus einem Schlot
Ich lust' ge Funken wirbeln purpurrot
Und Schmied und Amboß kommt mir in den Sinn,
Davor ich einst erstaunt gestanden bin.
Als ein vom Weg Verirrter macht' ich Halt:
Es war um Mitternacht im schwarzen Wald.
Ein riesenhafter Schmied am Amboß stand
Und hob den Hammer mit berußter Hand.
Zum ersten schlug er nieder, dass es scholl
Ringsum in finsterm Forst geheimnisvoll,
Und rief: «Mach, erster Streich, den Teufel fest,
Dass ihn die Hölle nicht entfahren läßt!"
Den Hammer er zum aridern Male hob,
Den Amboß schlug er, dass es Funken stob,
Und schrie: «Triff du den Reichsfeind, zweiter Schlag,
Dass ihn der Fuß nicht fürder tragen mag!"

Den Hammer hob er noch zum dritten Mal,
Der niederfuhr wie blanker Wetterstrahl,
Und lachte: «Schmiede, dritter, du die Treu und unsre
alte Kaiserkrone neu!»
Die unser protestantisch Kaiserhaupt
Dereinst mit Hohenstaufenpracht umlaubt:
Ein Haupt, das mir gezeigt im Traume ward,
Ein treues, tapf'res Haupt mit greisem Bart.
Den Namen kenn' ich nicht und nicht die Zeit,
Doch wird es wahr! Bei meiner Seligkeit!
Welf, Wittelsbacher, Zoller gilt mir gleich-»
Sang ich zu meinem dritten Hammerstreich;
« Wenn er die Krone nur erstreiten mag!»
Sprach ich zu meinem letzten Hammerschlag.

Die letzten Zeilen dieses Kapitels fordern geradezu
heraus, an einen erwachenden deutschen Nationalstaat
zu denken, an dessen Spitze ein protestantischer Kaiser
stehen soll. Doch fehlen im Gegensatz zum *Deutschen
Schmied* die aggressiven, gegen Frankreich gerichteten
Aussagen: Welsche und Erbfeind. Sie sind jetzt für
Meyer nicht mehr nötig, denn sein Gedichtzyklus wirbt
für eine deutsche Nation aufgrund eigener
protestantischer Kraft. Dazu bedurfte es keiner
Herabsetzung anderer. Meyer folgte Strauß in der
Interpretation der deutschen Geschichte, die sich in
Humanismus, Protestantismus und Nationalismus
vollende.

In *Der Deutschen Schmied* wird der Machtmensch, der
Mann der Tat, der Großes wollte und Großes wirkte, geschaffen; im *Hutten Epos* dagegen klingt vorsichtig die

Befreiung des Menschen von der katholischen Obrigkeit durch Reformation und Humanismus an. Wie ist diese Wendung innerhalb weniger Monate zu erklären? Es verweist auf ein Problem der Zeit, das schon bei der Diskussion um die Ziele der Liberalen beim Hambacher Fest 1832 sichtbar wurde und das die deutsche Geschichte der folgenden Jahrzehnte bis heute prägt. Was ist den Deutschen wichtig: Einheit oder Freiheit? Doch warum wandte sich Meyer für einige Zeit von seinen Idealen, die in den Entwürfen zum *Jenatsch* angelegt sind, ab und wird zum preußisch-deutschen Nationaldichter? Der Literaturwissenschaftler Jackson meint, dass Meyer in Abhängigkeit seiner borussischen Züricher Freunde aus Überlebensgründen politisch opportunistisch schreiben, seinen Grundsätzen abschwören, sich maskieren musste, solange bis es ihm gelang, mit künstlerischen Mitteln, die ihm bisher versagt blieben, zu überzeugen. Der sich relativ spät einsetzende künstlerische Erfolg seiner Dichtung rettete vermutlich Meyer vor der dauernden Maskierung. Ein nach Jackson dürftiges Gedicht *Der Deutsche Schmied* machte ihn bekannt und sicherte ihm Anerkennung und Ermutigung von außen, die er so sehr schätzte. Befreit von steter Sorge und gelöst von selbstquälerischer Lähmung fasste Meyer seinen *Hutten* nicht nur als nationales Epos, sondern auch künstlerisch wertvoll ab, dass von nun an niemand mehr wagte, seinen dichterischen Rang zu bezweifeln. Endlich anerkannt, schüttelte er die ästhetisch wertlose, politische Gelegenheitsdichtung, die nicht nur dem Verleger Lipperheide missfiel, ab. Meyer wurde nach vielen vergeblichen Versuchen gelobt, weil er bei der Würdigung der nationalen Sehnsucht des Hutten offenbar mehr das poetisch Schöne als die Parteidichtung im Auge gehabt hatte. Um mit Meyers Schwester zu sprechen, formte sich aus dem durch das Feuer der Kriegsjahre in Glut und Fluss gebrachten spröden Metall seine poetische Anlage.

Unter dem Eindruck der revolutionären Ereignisse der Jahre 1848/49 wurde im März 1849 in Annweiler die Zeitung *Der Bote aus den Vogesen – Pfälzisches Volksblatt* von Dr. Lucas Jäger gegründet. Sein Anliegen war es,

... gegen die starke radikale Presse ein konservatives Organ herauszugeben, das die staatlichen und kirchlichen Einrichtungen gegen die Angriffe anderer Blätter verteidigt und die Tagespresse in unparteilichem Lichte darstellt... alle Versuche scheiterten bisher und die Presse der systematischen Verneinung behauptete siegreich das Feld.

Ein Jahr später erhielt der *Bote* den Namen *Pfälzer Zeitung*.

Johann Lucas Jaeger wurde am 7. Dezember 1811 in Harthausen bei Speyer als Sohn eines Landwirts geboren. Nach Besuch des Humanistischen Gymnasiums in Speyer studierte er an den Universitäten Würzburg, München und Heidelberg Medizin. Als in Annweiler tätiger praktischer Arzt verfolgte er zusehends die politischen Verhältnisse und schrieb, auch von Georg Friedrich Kolb dazu ermuntert, immer wieder Berichte für verschiedene Zeitungen. Aufgrund seines publizistischen Wirkens verschaffte er sich bald Anerkennung in konservativen Kreisen, die ihn ermunterten, ein eigenes konservatives Blatt, den *Boten aus den Vogesen* herauszugeben. Bald gab er die Arztpraxis auf und widmete sich ganz der Zeitungsredaktion:

Ich war damals ein beschäftigter Arzt... Da kam eines Tages Herr Buhl zu mir und drang in mich, die ärztliche Praxis aufzugeben. Und das Blatt zu vergrößern, öfter erscheinen zu lassen und die Redaktion zu übernehmen...Nach langem Sträuben nahm ich aus Lieb zur Sache das Anerbieten, an, jedoch unter ausdrücklicher Wahrung meines konservativen Standpunktes. So kam ich unter die Journalisten. Wenn ich freilich geahnt hätte, mit welchem Gesindel ich mich *später herumschlagen musste, würde ich um keinen Preis meinen friedlichen und lieb gewonnenen Beruf aufgegeben haben.*

Im Jahre 1852 wurde die Redaktion von Annweiler nach Ludwigshafen *der noch jungen aber frisch und kräftig aufblühenden Handelsstadt an der Hauptwasserstraße des südwestlichen Deutschlands, an dem End- und Verbindungspunkte der großen Schienenwege* verlegt. Ab dem Jahr 1859 waren Verlag, Redaktion und Druckerei in Speyer untergebracht. Von Anfang an konnte sich Jäger auf eine stetig wachsende Leserzahl einstellen, denn 1852 zählte er 2.000 Abonnenten, die die Zeitung per Post zugestellt bekamen. Am Vorabend des Kriegsausbruches mit Frankreich hatte die zweitgrößte Zeitung der Pfalz 3000 regelmäßige Bezieher. Wenn auch der größte Teil der Nachrichten in der Pfälzer Zeitung das politische Geschehen beleuchteten, so legte Jäger doch von Anfang an Wert darauf, kulturelle Notizen und Anekdoten zu verbreiten. Die erste Miszelle veröffentlichte er über die Goethefeier 1849. Ab 1. Januar 1859 wurde die täglich erscheinende *Pfälzer Zeitung* um die vierseitige belletristische Beilage *Palatina* ergänzt, damit die Zeitung auch der für die Politik weniger interessierten Frauenwelt eine unterhaltsame Lektüre biete. Der 27-jährige Sohn des Verlagsleiters, Eugen Jäger, übernahm ab 1869 die Redaktion des Beiblattes. Es erschien bis zum Jahr 1939 und ist bis heute eine Fundgrube für die landesgeschichtliche Forschung.

Zeitgleich mit Meyers Hinwendung zur preußisch-deutschen Nationalidee vollzog sich auch in der Redaktion der *Pfälzer Zeitung* in Speyer eine bedeutsamer Richtungswechsel, der möglicherweise half, das Gedicht Meyers in der Pfalz zu veröffentlichen. Lucas Jäger, der Gründer dieser Zeitung, übertrug zum 1. Januar 1871 seinem Sohn Dr. Eugen Jäger die Verlagsgeschäfte. In einem Beitrag für die Weihnachtsausgabe des Jahres 1870 begründete er seinen Rückzug auch mit den sich anbahnenden politischen Umbrüchen:

... Von festen Grundsätzen geleitet, kann ich mich nur schwer in die großen politischen Veränderungen Deutschlands, insbesondere Bayerns finden, dessen blühendes und lebenskräftiges Staatswesen ich nicht ohne tiefes Bedauern aufgehen sehe in einem Bunde, der

nach meiner Ansicht unvermeidlich zum Einheitsstaate
führen wird. Mir ist es nicht möglich, den Verhältnissen
Rechnung zu tragen und mich vor dem, wenn auch glän-
zenden Erfolge zu beugen. Und was ich bisher in der
preußischen Politik der letzten Jahre für Unrecht gehal-
ten, kann ich jetzt nicht als Recht anerkennen, weil es
vom Glorienschein großer kriegerischer Taten umgeben
ist. Zudem bin ich der Überzeugung, dass wenigstens
die nächste Zukunft Deutschlands keine friedliche sein
wird. Die nächste Zukunft scheint mir dem Militärstaat
zu gehören, welcher alle bürgerlichen und sozialen In-
teressen beherrschen und dem Volke Lasten aufbürden
wird, die es nur schwer und nur auf Kosten anderer
wichtiger staatlicher Aufgaben zu tragen vermag. Hier-
gegen anzukämpfen wäre unter den gegebenen Umstän-
den fruchtlos; die vollendeten Tatsachen gleichmütig
anzuerkennen oder gar dafür einzustehen, das vermag
ich nicht. Deshalb trete ich von der Redaktion zurück.

Sein Sohn, der nach seinem Studium ab 1866 im Verlag
mitarbeitete, übernahm im Winterhalbjahr der Schick-
salswende Deutschlands die Herausgabe der *Pfälzer
Zeitung*, da er sich leichter mit dem neuen Zustand der
Dinge anfreunden konnte. Er vertrat in deutschnationalen Ansichten eine andere Auffassung als sein großdeutsch gesinnter Vater. Vielleicht hatte er die ersten
Vorzeichen diesen neuen Zustand der Verhältnisse damals als Student in Zürich, möglicherweise auch bei seinen Begegnungen mit der dortigen deutschen „Kolonie"
kennen gelernt.

Lucas Jägers nationale Vorstellungen sahen in einem geeinten Deutschland auch einen Platz für Österreich. Er war großdeutsch gesinnt und hat diese Haltung, die die politische Überzeugung der Mehrheit der Pfälzer widerspiegelte, auch neun Jahre lang (1849-1858) als Abgeordneter des Wahlkreises Bergzabern-Germersheim im bayerischen Landtag vertreten. Jäger bekannte sich zu einer konfessionsunabhängigen, christlich-konservativen Gesinnung, formierte entsprechend seine Zeitung und stand oft in Streit mit der radikal-demokratischen Bewegung, die sich in den Jahren 1848/49 gebildet hatte.

Bis 1866 dachten die Pfälzer großdeutsch und in dieser Gesinnung fanden sich Liberale, Demokraten und Konservative einmütig zusammen. Erst durch den preußisch-österreichischen Krieg des Jahres 1866 trat in der Pfalz ein öffentlicher Meinungsumschwung zugunsten der kleindeutschen Lösung, einen deutschen Nationalstaat ohne Österreich zu schaffen, ein. Die Chance einer deutschen Einheit war zugunsten einer preußischen Hegemonie über die Deutschen zunichte gemacht. Bei der Landtagswahl des Jahres 1869 wurden in der Pfalz 20 Abgeordnete gewählt. 19 von ihnen, darunter auch der Weingutsbesitzer und Jägers Freund, Franz Peter Buhl, hielten engen Kontakt zur bayerischen Fortschrittspartei bzw. Nationalpartei, die sich für die bismarcksche Form der protestantisch preußischen Reichsgründung aussprach. Daran zerbrach dann auch die Freundschaft der beiden. Polemisch schrieb Jäger deshalb in der *Pfäl-*

zer Zeitung, man solle diese Partei *besser preußische* Partei nennen.

Enttäuscht von dieser Hinwendung der Pfälzer zu Preußen setzte sich Jäger immer wieder in seiner Zeitung mit der Fortschrittspartei auseinander und legte seinen Lesern eindringlich dar, dass man in Bayern mehr Freiheit genieße, viel weniger Steuern zahle und nicht in einem Militärstaat lebe. Nur wenige Pfälzer, an ihrer Spitze der Abgeordnete Georg Friedrich Kolb, behielten ihre großdeutsche, linksliberale, demokratische, antipreußische Haltung bei. Andere sahen in der katholisch-konservativen Patrioten-Partei, die die absolute Mehrheit im Landtag besaß, ihre politische Heimat. Sie lehnte ebenfalls die Reichsgründung ab, favorisierte dagegen einen Bund der Bayern mit Norddeutschland und Österreich. Jäger selbst versuchte, seine konservativen Freunde, die wegen der zu starken katholischen Orientierung die Patriotenpartei ablehnten, von einer parteipolitischen Organisation zu überzeugen. Doch diese Bemühungen zugunsten einer nichtkonfessionellen konservativen Partei in der Pfalz scheiterten trotz kräftiger Werbung in Jägers Zeitung.

Nach der Niederlage Österreichs und Bayerns bei Königgrätz 1866 hegte man in der Pfalz nur noch im Kreis um Jäger und Kolb großdeutsche Sympathien. Wer sollte nämlich in Zukunft die Pfalz vor dem seit der Rheinkrise des Jahres 1840 immer wieder befürchteten Zugriff Frankreichs schützen? Dazu war nur das militärisch starke Preußen in der Lage! Wenn sich die Pfälzer für die protestantische preußisch-nationale Einigung Deutschlands begeisterten, dann also nicht im Sinne einer Gegnerschaft zu Bayern, sondern weil sie nach den Worten des Abgeordneten Simon Levi aus Landau im *Notfalle an der Seite Deutschlands lieber untergehen als schmachvoll unter dem Schutz Frankreichs stehen* wollten. Unter diesem vom Sicherheitsdenken geprägten Aspekt entfranzösisierten sich auch die Pfälzer, die seit ihrer jahrelangen Zugehörigkeit zu Frankreich (1801-1814) als national unzuverlässig verdächtigt wurden. Doch sie vergaßen auch ihre Erinnerung an das schlimme Wüten der preußischen Truppen bei der Niederschlagung des pfälzischen Aufstandes im Jahr 1849. Einer der besten Kenner des pfälzischen Bewusstseins, Julius von Wickede, beschrieb die Stimmung in der Pfalz folgendermaßen:

...wer da glaubte, in der Rheinpfalz herrsche eine französenfreundliche Gesinnung und es sei kein deutscher Patriotismus, sondern nur eine laue, neutrale Stimmung daselbst vorhanden, dem hätte ich gewünscht, dass er mich auf meiner jetzigen Fahrt begleitet hätte, er wäre wirklich vom Gegenteil belehrt worden. Welche Verwünschungen ertönten besonders in Kaiserslautern über den baierischen Abgeordneten Kolb...Der Mensch hätte sich in diesen Tagen nicht in der Rheinpfalz blicken lassen dürfen, er wäre sonst leicht dem Volkswillen zum Opfer gefallen, so groß war der allgemein gerechte Zorn gegen ihn.

Auch die Mehrheit der pfälzischen Abgeordneten im bayerischen Landtag machte die Wende des Liberalismus zugunsten des protestantisch preußisch-kleindeutschen Reichsgedankens mit. Sie führten wortgewaltig die 102 liberalen Abgeordneten im bayerischen Landtag an, die sich, wie König Ludwig II., von einem Krieg gegen Frankreich territoriale Gewinne in Baden und im Elsass versprachen. Unter dem Schlagwort *Wo der König ist, da gehören die wahren Patrioten hin* gelang es den Befürwortern der Reichseinigung in der Abstimmung am 21. Januar 1871 die notwendige Zweidrittelmehrheit für die Einigungsverträge zu erreichen. Nur 48 Abgeordneten lehnten sie ab.

Diese Abkehr von großdeutschen Hoffnungen konnte und wollte der Gründer der *Speyerer Zeitung* nicht mitmachen. Er verstand die Zeit nicht mehr. Im Generationswechsel sollte sich gleichzeitig auch ein politischer Richtungswechsel der *Pfälzer Zeitung* bemerkbar machen. Sichtbaren Ausdruck fand dieser Kurs mit der Veröffentlichung vieler vaterländischer Gedichte auch im belletristischen Beiblatt *Palatina*.

Hatte dieses unter Beachtung des Leserinnenkreises bisher nur Liebes- und Naturgedichte veröffentlicht, selten Lyrik historischen, schon gar nicht politischen Inhalts, änderte sich schlagartig der Inhalt der *Palatina* mit Ausbruch des deutsch-französischen Krieges im Juli 1870. Gleich auf der Titelseite wurde der Pfälzer mit der neuen Rubrik *Zeitgedicht* bekannt gemacht. Als erstes der vaterländischen Verse erschien am 6. August 1870 Ferdinand Freiligraths *Hurra Germania*. Es folgten bis zum Jahresende weitere 24 Gedichte, darunter Freiligraths *Trompete von Gravelotte* und *An Deutschland*. Andere Zeitgedichte stammten aus der Feder von Karl Simrock, Christian Böhmer, Caspar Butz, Friedrich Friedreich und Oscar von Redwitz. Von Januar bis zum August 1871 veröffentlichte die Palatina weitere 22 die deutsche Einheit rühmenden Dichtungen, darunter auch *Der Deutsche Schmied* von C.F. Meyer. Ab September konnten die Leser sich wieder an der gewohnten „unpolitischen" Lyrik erfreuen.

Eine Mitbürgerin jüdischen Glaubens.
Verfolgt und vergessen.
Fanny Reinach (1873-1960)

Die Reichspogromnacht vom 9. November 1938 war nicht der Beginn, aber ein deutliches Zeichen für alle im Deutschen Reich lebenden Personen, dass die deutsche Regierung unter Führung der nationalsozialistischen Arbeiterpartei die jüdischen Mitbürger systematisch verfolgen, misshandeln und vertreiben, wenn nicht gar töten wollte. Zahlreiche Detailstudien belegen das Vorgehen deutscher Männer und Frauen gegen Juden in Städten und Dörfern, so dass feststeht, dass aktives Handeln vieler williger, besonders protestantischer Deutscher zu den Übergriffen beigetragen, wenn auch andere dem Geschehen teilnahmslos zugeschaut hatten. Die folgenden Ausführungen schildern detailgenau, wie Männer in einer pfälzischen Kleinstadt einen Tag nach den überall in Deutschland vorgekommenen Übergriffen vom 9. November 1938 „nachholten", was anderswo geschehen war. Dies ist besonders verwerflich, weil Einheimische und Zugereiste nicht „spontan" handelten, sondern in klarer Überlegung vorgingen, um sich nicht dem Vorwurf der Feigheit auszusetzen.

Elf Jahre später und vier Jahre nach dem Ende der von Sozialisten durchgeführten Judenvernichtung im Deutschen Reich und Europa standen die Täter vor Gericht. Im Sommer 1949 fand in Deidesheim in Anwesenheit der einzigen Überlebenden der Deidesheimer jüdischen

Bevölkerung, Fanny Reinach, der Prozess gegen die *willigen Vollstrecker* des 10. November 1938 statt. Aufgrund der guten Quellenlage können die Übergriffe und die juristische Aufarbeitung des Geschehens im Einzelnen rekonstruiert werden.

Der in der Zeit der nationalsozialistischen Diktatur in Deidesheim amtierende Bürgermeister, Friedrich Eckel-Sellmayer, teilte auf Anfrage des Landrates des Kreises Neustadt an der Haardt am 11. Januar 1941 mit, *dass in Deidesheim keine Juden mehr ansässig wären. Der Zeitpunkt der Auswanderung (!!) sei der 22.10.1940 gewesen.* Damit wurde lapidar auf einen Vorgang hingewiesen, der zusammen mit unzähligen Meldungen anderer Verwaltungen zum schlimmsten Verbrechen der Menschheit gehört: Diskriminierung, Vertreibung, Abtransport und Ermordung der Juden im Deutschen Reich und in Europa in der Verantwortung der Männer und Frauen der Partei des Nationalen Sozialismus.

Diskriminierung und die Reichspogromnacht vom 9. November 1938 hatten in Deidesheim zunächst fünf Bürger jüdischen Glaubens überlebt. Richard und Oswald Feis, die beiden Weingroßhändler und engagierten Bürger der Stadt, verließen nach dem Verkauf ihres Besitzes im Frühjahr 1939 Deidesheim. Richard Feis starb im Alten- und Pflegeheim Zoar bei Rockenhausen im Alter von 62 Jahren, sein Bruder wurde in der Euthanasieanstalt Cholm (Lublin) im Winterhalbjahr 1940/41 ermordet. Die Familie Reinach wohnte noch bis zum 22. Oktober 1940 in der Stadt. Zusammen mit etwa 2 000 pfälzischen und badischen Juden wurde sie in das Lager Gurs am Nordrand der Pyrenäen verbracht. Nur Fanny Reinach überlebte den Holocaust und kehrte im Jahr 1949 aus Frankreich nach Deidesheim zurück.

Hab und Gut, Grundstücke und Häuser dieser ausgewanderten Juden, wie der Bürgermeister schrieb, verfielen dem Deutschen Reich oder wurden im Frühjahr 1941 öffentlich versteigert, während die Juden, die vor der Reichspogromnacht Deidesheim verlassen hatten, ihren Besitz an Mitbürger hatten verkaufen können. Insgesamt wechselten sechs Häuser, vier Grundstücke und ein Geschäftshaus die Besitzer. Die Familie Reinach musste im Frühjahr 1938 ihr Wohnhaus an die Saarpfälzische Verwertungs-gesellschaft abtreten, die es 1943 an einen Deidesheimer Schuhmacher weiterverkaufte. Vom Kaufpreis in Höhe von 7.815.- Reichsmark konnte der Käufer 295,18 RM an Reparaturkosten abziehen, die zur Behebung der *Tumultschäden* vom 10. November 1938 entstanden waren. Das Mobiliar und der Hausrat der Familie Reinach hatte im Auftrag des Landrates ein Versteigerer aus Neustadt am 5.3.1941 öffentlich angeboten: Die Versteigerung erbrachte 1.723,73 RM. Aus den Unterlagen, die den Krieg überdauert haben, geht der Umfang des Eigentums der jüdischen Familie hervor.

Nach dem Abtransport der Juden von Deidesheim im Oktober 1940, nach dem Verkauf der Synagoge durch die israelitische Kultusgemeinde an einen Fuhrunternehmer war der jüdische Friedhof das letzte Überbleibsel, das auf die Geschichte der Deidesheimer Juden hinwies. Dieser war zwar am 10. November 1938 geschändet und verwüstet worden, doch war er immer noch für viele ein unliebsames Gelände der Erinnerung. Um dieses letzte Zeugnis jüdischer Kultur zu beseitigen, beschloss der Stadtrat in seiner Sitzung am 30. Juni 1944, *dass die Grabsteine abgeräumt und anstelle des Friedhofs ein nationalsozialistischer Ehrenhain angelegt werden sollte.*

Doch dieser Beschluss, der auch die Zustimmung des von den Nationalen Sozialisten in den Stadtrat berufenen Dr. Friedrich von Bassermann-Jordan, der bis zu seiner Absetzung durch die neuen Machthaber Präsident der Pfälzischen Gesellschaft zur Förderung der Wissenschaften gewesen war, gefunden hatte, wurde nur teilweise ausgeführt. Sei es aus Mangel an Arbeitskräften - selbst Stadtratsmitglieder und Gemeindebedienstete waren an die Front abkommandiert worden - sei es auch aus Desinteresse bei der Bevölkerung, denn andere Ereignisse und Sorgen beherrschten den Alltag, denn am 6. Juni 1944, drei Wochen vor dem Stadtratsbeschluss, hatte die Invasion der von US-Militärs geführten Alliierten in der Normandie begonnen, und drei Wochen später, am 20. Juli 1944, meldete der Rundfunk das missglückte Attentat des katholischen Obersten Stauffenberg und anderer Offiziere auf ihren sozialistischen Oberbefehlshaber. Schließlich bestimmten auch die Nachrichten über gefallene und vermisste Familienangehörige und die Aufnahme von Ausgebombten und

Evakuierten aus Neustadt, Ludwigshafen und Mannheim das tägliche Leben.

Neun Monate nach Kriegsende teilte der vom amerikanischen Kommandanten von Deidesheim eingesetzte und im Juli 1945 von der französischen Besatzungsmacht im Amt bestätigte Bürgermeister Michael Henrich einer auserwählten Schar von Männern mit, *dass auf höhere Weisung Parteimitglieder, namentlich die, die bei der Verwüstung im November 1938 seinerseits beteiligt waren, den Judenfriedhof sofort in einen würdigen Zustand zu versetzen haben: Arbeitsbeginn: 8. Februar 1946, vormittags 8 Uhr. Die nötigen Arbeitsgeräte sind mitzubringen: Hebeisen, Bickel und Spaten.*

Die Genannten mussten durch Unterschrift die Kenntnisnahme dieser Aufforderung bestätigen. Allerdings wohnten von den 17 Personen, die am Tag nach der Reichspogromnacht vom 9. November 1938, das Haus Reinach verwüstet und abends gegen 23 Uhr den Friedhof demoliert und die Bäume und die Sträucher umgehauen hatten, nur noch sechs Personen in der Stadt. Die anderen waren noch in Gefangenschaft, vermisst oder aus Deidesheim verzogen. Deshalb mussten auch andere ehemalige Parteigenossen - insgesamt 41 - an der Wiederherstellung des Judenfriedhofs mitarbeiten. Trotz mehrmaliger Aufforderung durch den Bürgermeister weigerten sich aber fünf ehemalige Nationale Sozialisten, an der bescheidenen Sühnemaßnahme teilzunehmen. Sie wurden der Besatzungsmacht, der französischen Militärregierung, gemeldet, die ein Strafverfahren wegen Arbeitsverweigerung einleitete. Am 15. März 1946 fand die Vernehmung der Beschuldigten statt, zu der Bürgermeister als Zeuge geladen war. Über den Ausgang des Verfahrens gibt es allerdings keine Unterlagen.

Zwischenzeitlich konnte Henrich an den Landrat melden, dass am 20. Februar 1946 die Arbeiten zur Wiederherstellung des Friedhofs beendet worden waren, auch *wenn verschiedene Grabdenkmäler nicht fertig gestellt werden konnten, da verschiedene Teile nicht mehr auffindbar waren und dieselben erst beschafft werden müssen.*

Als der Innenminister von Rheinland-Pfalz am 23. März 1948 in einem Rundschreiben an alle Landräte und Bürgermeister die Instandsetzung der zerstörten jüdischen Friedhöfe anmahnte *als eine selbstverständliche Pflicht der Wiedergutmachung*, teilte der Bürgermeister mit, dass *der jüdische Friedhof bereits nach der Kapitulation bis auf einige Grabdenkmäler wieder hergerichtet* worden sei.

Durch diese Arbeitsleistung wurde notdürftig instand gesetzt, was Deidesheimer Bürger zerstört hatten. Rechtlich zur Verantwortung gezogen wurden sie in einem Prozess im Juni 1949, der eine recht lange Vorgeschichte hat.

Am 7. September 1946 teilte der Landrat dem Bürgermeister mit, ... *dass an maßgeblicher Stelle die Absicht bestünde, die Verbrechen des Naziregimes der Sühne zuzuführen... Zur Einleitung des Strafverfahrens ersuchen wir das Bürgermeisteramt um eine möglichst objektive und klare Darstellung der damaligen Vorkommnisse ... Es sind die Schuldigen und die Teilnehmer zu benennen.*

Daraufhin schrieb der Vollzugsbeamte bei der Stadtverwaltung, Heinrich Webel, nach intensiven Nachforschungen und aufgrund eigener Kenntnis einen sehr detaillierten Bericht über die Verwüstung des Hauses Reinach und die Zerstörung des Judenfriedhofs am 10. November 1938. Hilfreich dabei war, dass sich bereits Ende März 1949 Personen bei der Stadtverwaltung gemeldet und Einzelheiten über diese Vorgänge zu Protokoll gegeben hatten. Dies war allerdings z.T. in der recht durchschaubaren Absicht geschehen, sich selbst nur als Beobachter, nicht aber als Täter der damaligen Vorgänge darzustellen. Die Aussagen lassen erkennen, dass einige der Verantwortlichen von damals sich nun gegenseitig beschuldigten, was der Aufklärung der Vorgänge nur dienlich sein konnte.

Am 19. Oktober 1946 informierte der Landrat, dass *der Generalstaatsanwalt den Oberstaatsanwalt in Frankenthal mit der Einleitung des Ermittlungsverfahrens gegen die Beteiligten an den Ausschreitungen gegen die Juden in Deidesheim im November 1938 beauftragt habe.* Um die Dringlichkeit der Behandlung dieses Falles besorgt, schrieb der Bürgermeister in den folgenden Wochen wiederholt an den Landrat:

Die hiesige Bevölkerung sei sehr ungehalten darüber, dass Naziaktivisten zum allgemeinen Ärgernis hier noch herumliefen, während politisch Unbelastete und Nazigegner sich noch in Gefangenschaft und hinter Stacheldraht befänden.

Es sollte aber noch fast ein Jahr dauern, bis am 23. September 1947 im Stadtratssaal die Voruntersuchung gegen die betreffenden Personen wegen *Verbrechens gegen die Menschlichkeit* durchgeführt wurde.

Gegen 16 Personen wurde Anklage erhoben. Zwei der Beschuldigten hatten bereits einige Monate im Internierungslager Landau verbracht, wo sie zusammen mit mehreren hundert Nationalen Sozialisten, mutmaßlichen Kriminellen und unschuldigen, denunzierten Mitbürgern festgesetzt worden waren. Im April 1949 waren dort noch 75 Verdächtige inhaftiert. Zur Zeit des Deidesheimer Prozesses im Juni 1949 wurde das Lager aufgelöst, nachdem durch die immer rascher arbeitenden Gerichte, Anklagen und Verurteilungen ausgesprochen worden waren.

Die *Rheinpfalz* berichtete sehr ausführlich über den Prozess: *Stadtgespräch in Deidesheim* lautete die Überschrift des Beitrages, der die Erwartungshaltung der Bevölkerung widerspiegelte. Schließlich hatte man mit Spannung - viele auch mit einem schlechten Gewissen - den Tag erwartet, an dem die einzige aus Deidesheim stammende Überlebende des Holocaust erscheinen und als Zeugin aussagen sollte. Dass Fanny Reinach Verfolgung und Krieg in Frankreich überstanden hatte, war seit Oktober des Jahres 1946 bekannt. Mit Datum vom 19.10.1946 hatte Bürgermeister Henrich einem ehemaligen Kollegen ihres Sohnes Max, der Kontakt zu ihr hatte, die Bescheinigung zugestellt, dass *Frau Fanny Reinach, geborene Löbmann, geboren am 17. September 1873, z. Zt. wohnhaft in Sereilhac, Hte. Viene, France, wieder in Deidesheim zuziehen könnte.* Aus Krankheitsgründen hatte sich aber immer wieder die Abreise aus Frankreich verzögert. Erst im Frühjahr des Jahres 1949 konnte Fanny Reinach in ihre Heimat, die sie neun Jahre zuvor vertrieben hatte, zurückkehren.

Der neue Stadtbürgermeister Norbert Oberhettinger teilte in einer öffentlich plakatierten Bekanntmachung Mitte Mai 1949 der Bevölkerung die Heimkehr der ehemals verstoßenen Mitbürgerin mit:

Frau Adolf Reinach Wwe., Deidesheim, welche als einzige Überlebende ihrer Familie nach dem Tode ihres Mannes und der Ermordung ihrer beiden Kinder jetzt aus der Deportation zurückgekehrt ist, besitzt die Namen und Anschriften sämtlicher Steigerer ihrer beweglichen Habe gemäß der am 6.3.1941 erstellten Original-Versteigerungsliste. Es ergeht hiermit letzte Aufforderung zur Meldung der damals gesteigerten Gegenstände und Möbelstücke, die seinerzeit in den Besitz der in der erwähnten Liste genannten Personen übergegangen sind.

Sollte bis zum 25.5.1949 keine freiwillige Meldung auf dem hiesigen Bürgermeisteramt eingegangen sein, so wird gegen die Betreffenden das bereits eingeleitete ordnungsgemäße Restitutionsverfahren vor dem Landgericht Frankenthal seinen Lauf nehmen. Deidesheim, den 15. 5. 1949. Daraufhin meldeten sich acht Bürger.

Zur gleichen Zeit, in der Fanny Reinach und ihre Bevollmächtigter, der Altbürgermeister des nahe gelegenen Dorfes Mußbach, Hermann Keil, auf die Rückgabe ihres Besitzes warteten, wurde der Prozess gegen die mutmaßlichen Deidesheimer sozialistischen Verbrecher vorbereitet.

Die 1. Strafkammer des Landgerichtes Frankenthal unter dem Vorsitz von Landgerichtsdirektor Dr. Knögel eröffnete am 1. Juni 1949 im Saal der ehemaligen Jordanschen Kinderbewahranstalt den Prozess. Groß war das Aufgebot an Angeklagten, Zeugen und Neugierigen. Fanny Reinach trat als Nebenklägerin auf. Gegen 16 Beschuldigte wurde das Verfahren wegen *Verbrechens gegen die Menschlichkeit* eröffnet. Ihnen und den neugierigen Zuhörern wurde in Erinnerung gerufen, was die Beweisaufnahme so zusammenfasste:

In der Nacht vom 9./10. November 1938 wurden fast in ganz Deutschland Judenpogrome verübt. Es wurden Synagogen angezündet, die Wohnungen und Geschäftshäuser von Juden zerstört und Juden misshandelt... In dieser Nacht ist in Deidesheim nichts derartiges geschehen. Darüber war der inzwischen verstorbene Gendar-

merie-Chef Ruthkowsky in Deidesheim, der zugleich dem SD angehörte, empört und hielt es für seine Pflicht, das in Deidesheim nachzuholen, was bisher sonst geschehen war. In diesem Sinne gab er dem Angeklagten Bold, der damals Rektor der Schule, Ortsamtsleiter und Kreisredner der NSV in Deidesheim war, den Befehl, gegen die beiden einzigen in Deidesheim vorhandenen jüdischen Familien, Feis und Reinach, entsprechend vorzugehen. Der Angeklagte Bold, an den sich Ruthkowsky insbesonders deshalb wandte, weil er wusste, dass dieser ein fanatischer Nationalsozialist war, hat nun die Leitung der aufgetragenen Aktion übernommen. Dieses hat sich ... nun derartig abgespielt, dass Bold sich im Spritzenhaus der Feuerwehr Feuerwehrbeile besorgte und diese dem Angeklagten Haas und dem Angeklagten Fischer gab. Mit diesen beiden und einer dritten, nicht mehr feststellbaren Person, zog, unter Anführung von Bold, eine Gruppe von Menschen zunächst zu dem Anwesen Reinach und dann zu dem Anwesen Feis. Die Wohnungen der beiden jüdischen Familien wurden demoliert, in dem Haus Reinach, in dem sich ein von dieser Familie betriebenes Schuhgeschäft befand, wurden Schuhe auf die Straße geworfen und in den Wohnungen selbst die Einrichtungsgegenstände entweder beschädigt oder durcheinander geworfen. In ähnlicher Weise wurde in dem Haus Feis vorgegangen. Die Sachlage war in beiden Fällen so, dass in beiden Häusern sich eine Menge von etwa je 50 Menschen befand. Auf der Straße befand sich eine weitere Menge, zu der auch Schulkinder gehörten, die sich, wenn auch nicht in der

Klasse, so doch in der Schule des Angeklagten Bold be-
fanden. Während nun diese beiden Aktionen am hellen
Tag vor sich gingen, setzte abends, unter Ausnutzung
der Dunkelheit, eine weitere Aktion ein, die sich gegen
den jüdischen Friedhof richtete, und auch dort Zerstö-
rungen anrichtete. Diese Aktion geht auf die Initiative
des SA-Sturmführers Anslinger zurück.

An den Reinach und Feis gegenüber begangenen
Ausschreitungen waren beteiligt:

Alfons Bold, 52 Jahre (Altersangaben z.Zt. des Prozesses), Lehrer und seit 1934 Schulleiter in Deidesheim.
Militärdienst und Gefangenschaft 1939-46; ab Herbst
1946 im Internierungslager Landau; ab 30.6.1947 in
Untersuchungshaft bis Prozessbeginn. Mitglied der NS-
DAP seit 1.5.1933; Kreisredner der nationalsozialistischen Volkswohlfahrt NSV. Franz Blätte, 55 Jahre,
Zimmermann, April 1945 bis Juli 1948 im Internierungslager Landau; Mitglied der NSDAP seit 1931;
Ortsgruppenleiter von 1934-1939. Ab Juli 1948 bei der
französischen Besatzungsbehörde beschäftigt.

Daneben wurden noch folgende Männer zur Verant-
wortung gezogen: *Artur Fischer, 28 Jahre, kaufmänni-*
scher Angestellter beim Schlachthof Neustadt; 1936
Entlassung aus dem Jungvolk; Josef von der Empten,
Polizeibeamter, seit 1941/42 Mitglied der NSDAP; Fritz
Leidenheimer, 36 Jahre, Gehilfe bei der Stadtverwal-
tung; Andreas Weitlauff, 50 Jahre, Schlosser; seit 1937
Mitglied der NSDAP, 1937-1938 Mitglied der SA bis

zum Ausschluss; Willi Haas, 29 Jahre, seit 1945 (SPD) Verwaltungsangestellter bei der Gemeinde Ruchheim, Mitglied der SA und NSDAP; Stefan Schmitt, 64 Jahre, Arbeiter; er wohnte 1938 als Westwallarbeiter in Deidesheim, Heimatwohnort war Nürnberg,; August Fahrnschon, 53 Jahre, seit 1937 Mitglied der NSDAP; Friedrich Eckel-Sellmayer, 76 Jahre, Weinhändler und Bürgermeister 1933-1945; Mitglied der NSDAP seit 1933.

Nach der Feststellung der Staatsanwaltschaft wurde der Friedhof verwüstet von Julius Erlewein, 36 Jahre, Tüncher; seit 1937 Mitglied der NSDAP, seit 1933 Mitglied der SA, Sturmmann; Heinrich Mechtersheimer, 39 Jahre, Küfer, Mitglied der NSDAP seit 1940; Willi Speer, 38 Jahre, Uhrmacher, seit 1937 Mitglied der SA; Edwin Stürtz, 44 Jahre, Friseur, 1933-1943 Mitglied der SA, seit 1937 Mitglied der NSDAP, seit 1939 Filmstellenleiter und Propagandaleiter der NSDAP; Wittmann Wittmann, 43 Jahre, Schlosser, seit 1937 Mitglied der NSDAP und SA; Michael Niklas, 47 Jahre, Postarbeiter; seit 1933 Mitglied der SA und seit 1937 Mitglied der NSDAP.

Aufgrund der Hauptverhandlung wurden verurteilt: die Angeklagten Bold, Blätte, Fischer und Haas wegen Verbrechens gegen die Menschlichkeit in Tateinheit begangen mit einem Verbrechen des Landfriedensbruchs und mit schwerem Hausfriedensbruch: Bold zu einer Gefängnisstrafe von 3 Jahren, Blätte zu einer Gefängnisstrafe von 2 Jahren, Fischer und Haas zu einer Gefängnisstrafe von 6 Monaten. Dem Angeklagten Bold wurden die bürgerlichen Ehrenrechte auf die Dauer von 3 Jahren aberkannt. Die Angeklagten Erlewein und Wittmann wegen Verbrechens gegen die Menschlichkeit in Tateinheit begangen mit einfachem Landfriedensbruch, und zwar Erlewein zu einer Gefängnisstrafe von 4 Monaten, Wittmann von 6 Monaten.

Das Verfahren gegen die Angeklagten Schmitt, Mechtersheimer und Stürtz wurde aufgrund des Straffreiheitsgesetzes vom 18. 6. 1948 eingestellt. Die Angeklagten v.d. Empten, Leidenheimer, Weitlauff, Eckel-Sellmayer, Speer, Fahrnschon und Niklas wurden freigesprochen.

Die Verurteilten Fischer, Haas, Erlewein und Wittmann legten gegen das Urteil Revision ein. Ebenso der Oberstaatsanwalt Müller, der gegen Bold, Blätte, Fischer und Haas auf Zuchthausstrafe plädiert hatte. In der Verhandlung des Strafsenates beim Oberlandesgericht in Neustadt am 28. September 1949 wurden alle Revisionsbegehren verworfen.

Aufgrund des Straffreiheitsgesetzes der Bundesregierung vom 31.12.1949 wurden Wittmann, Erlewein, Fischer und Haas die Strafen erlassen. Bold konnte nach einem Gnadenbescheid am 9.12.1949 um 17 Uhr die Haftanstalt in Frankenthal als freier Mann verlassen. Die auf drei Jahre aberkannten bürgerlichen Ehrenrechte wurden ihm mit Entscheidung des Ministers der Justiz von Rheinland-Pfalz vom 12. Februar 1951 wieder zuerkannt. Franz Blätte hatte den Gerichtssaal schon im Juni

1949 als freier Mann verlassen können, da er über drei Jahre in Internierungshaft gesessen hatte, die ihm wie auch Bold zur Haftstrafe angerechnet worden waren.

Dieser Prozess hatte noch einmal die schreckliche Zeit des Nationalen Sozialismus in Erinnerung gebracht. Viele waren von Frau Fanny Reinachs Aussagen erschüttert. Doch ihr Leid und das Schicksal ihrer Familie waren offenbar schnell vergessen. Sie wurde schließlich Opfer deutschen positiven Rechtsempfindens, anders kann man sich wohl nicht ausdrücken, um zu beschreiben, welche Schwierigkeiten zu überwinden waren, um an ihr Hab und Gut zu gelangen. Ihr Haus war offensichtlich rechtlich einwandfrei verkauft, ihr Hausrat offensichtlich rechtlich einwandfrei versteigert worden. So musste die 76-jährige Frau nach ihrer Rückkehr aus Frankreich zunächst einmal einen jahrelangen Kampf bestehen, um wieder ihr Eigentum zu erhalten. Selbst in ihr Haus konnte sie zunächst nicht einziehen. Aus einem Brief des Bürgermeisters ... *Fanny Reinach war dann zwei Jahre notdürftig in einem Raum außerhalb ihres Hauses untergebracht, bevor ihr Haus freigemacht und sie darin wieder Wohnung nehmen konnte...*

Das Amt für Wiedergutmachung erbat in den folgenden Jahren Auskunft darüber, wie groß die ehemalige Wohnung war und ... *welche Beschädigungen und Demolierungen* im November 1938 erfolgt waren. Zur *Prüfung der Antragsberechtigung* (!!!) ... Für genaue Angaben fehlen sowohl uns wie dem Finanzamt die Unterlagen...

Fanny Reinach starb, zum Pflegefall geworden, am 13. Dezember 1960 im Alter von 87 Jahren im Spital zu Deidesheim

Ein vergessener Komponist.
Georg Drumm (1874-1959)

Jedes Mal, wenn ein neuer Präsident der USA vereidigt wird, ertönt ein Marsch, der von einem Pfälzer im Jahr 1917 komponiert wurde und seit der Amtseinführung von Präsident Dwight D. Eisenhower 1952 zum Standardritual der Feierlichkeiten gehört, die traditionell alle vier Jahre am 20. Januar vor dem Capitol in Washington, D.C., stattfinden. Wenn man so will gibt der *Hail America March* auch den Ton an, wenn es ganz feierlich und offiziell im Weißen Haus zugeht, denn auch bei hohem Staatsbesuch wird diese Komposition gespielt. Wer war der Komponist dieses *Ceremonial Marchs*?

Als Sohn armer Eltern wurde Georg Drumm am 28. September 1874 in dem westpfälzischen Dorf Erdesbach geboren. Er besuchte sieben Klassen der dortigen Volksschule. Seine Heimat gilt als Musikantenland, denn von dort zogen vor über hundert Jahren Musiker, die Mackenbacher in alle Welt, um für die Daheimgebliebenen den Unterhalt zu verdienen. Einer dieser Wandermusiker war Karl Dick aus dem Nachbardorf Bedesbach, der den kleinen Georg auf der Violine, der Flöte und Trompete unterrichtete.

Über seine erste Musikreise berichtete Drumm:

In meinem 14. Lebensjahr verdingte ich mich an einen gewissen Ludwig Pfeiffer aus Hundheim und am Ostermontag ging die Reise los. Abends um ungefähr 10 Uhr fuhren wir ab auf einen Leiterwagen mit einem Tuch darüber gespannt. Meistens marschierten wir, da es ziemlich kalt war. Ein jeder von uns Jungen hatte eine grüne Reisetasche und sein Instrument. Nächsten Morgen um ungefähr 5 Uhr kamen wir in Staudernheim an, ein bißchen Frühstück und dann in den Zug, 4. Klasse. Dann kam Bingen, Rheindampfer, 3 Tage Rheinfahrt bis nach Rotterdam. Nun kam die erste Seefahrt auf einem kleinen Frachtdampfer, ohne Cabinen natürlich. Nach ungefähr 2 Tagen kamen wir in Edinburg an (Schottland)... Nun ging die Reise los. Jeden Tag marschierten wir 20, 30, 40 Kilometer, von einer Stadt zur anderen und in kleinen Plätzen spielten wir alle Straßen ab...

In Schottland verbrachte Drumm mehrere Jahre, aber zwischendurch immer wieder in die Heimat zurückkommend, wo er in Albersweiler bei Landau in einem Steinbruch und dann in einer Zündholzfabrik arbeitete. Dann tingelte er nach Irland und wurde ein *Gentleman*, wie er in seinen Erinnerungen schreibt:

Ich übte fortwährend auf meiner Geige, studierte Harmonie, Contrapunkt und Instrumentallehre ohne Lehrer oder Conservatorium. Von einem Bekannten erhielt ich im Tausch meiner Pelzmütze das Buch von H. Kling, Instrumentationslehre, Bern. ... dann ging es aufwärts! Es war eine harte Schule, aber ich gab nicht nach, solange ich nicht mein Ziel erreicht hatte. Oft wurde ich gefragt: Wo haben Sie studiert?

In Dublin, Irland, erhielt Drumm eine Anstellung, zunächst im *Theatre Royal*, dann im *Empire Theatre*. Hier gelang ihm der musikalische Durchbruch. Mit zähem Fleiß und ausgestattet mit hoher Musikalität gelang es ihm, ein kleines Orchester zu gründen, das bald über die Grenzen der irischen Hauptstadt bekannt wurde. Im Dubliner Schloss erfreute er bei Hofkonzerten und Hofbällen:

... und die Damen mit ihren herrlichen Kleidern... und dann, wenn sie sich nach den schönen Wiener Walzern umdrehten, werde ich nie vergessen. Wir hatten ein 25 Mann starkes Orchester nebst großem Bechstein Flügel. Ich stand vor dem Orchester mit meiner Geige... Wenn die königlichen Hoheiten hereinkamen, spielten wir die Nationalhymne „God save the Queen". Dann tanzten die vier Paare, d.h. der Lord Dudley und seine Gemahlin, der Herzog von Connaught nebst Gemahlin und zwei andere Lords mit Gemahlinnen die Quadrille, während die Gäste zuschauten.

Im Jahr 1904 wurde Georg Drumm vom Oberbürgermeister der Stadt Dublin ausersehen, die Iren bei der Weltausstellung in St. Louis zu vertreten. Sein Auftritt muss grandios gewesen sein, denn er erzielte auch hier, wie bei früheren Wettbewerben, erste Preise. Es folgte eine mehr als 18-monatige Tournee durch die USA, die ihn so beeindruckten, dass er beschloss, auch seine Familie über den großen Teich zu holen. Sein Wohnsitz war bis zu seinem Tode New York.

Doch rastlos wanderte er mit seinem Orchester von Stadt zu Stadt, von Theatersaal zu Theatersaal. 1909 wurde er Kapellmeister in einem New Yorker Theater. Ohne finanzielle Sorgen konnte er nun verwirklichen, was sein Traum schon als kleiner Junge war: ... *Hier wurden meine ersten Kompositionen geboren...* Weitgehend vergessen heute, aber damals überall gern gespielt waren *Imperator March, Ave Maria, The Rookies March* und *Springtime.*

Zum Repertoire der Militärorchester der US-Streitkräfte gehört bis zum heutigen Tag der Marsch *Hail America*, dessen Melodie Georg Drumm im Jahr 1917 komponierte und sein Kollege Lawton Mackall mit Text unterlegte. Die Uraufführung fand im großen Sportstadion Polo-Grounds in New York unter der Mitwirkung von 100 Musikern und etwa 3000 Sängerinnen und Sängern statt. Drumm war seit diesem Zeitpunkt einer der gefeiertsten Musiker und Komponisten der *Neuen Welt*. Das *New York Evening Journal* erklärte ihn im Jahr 1935 zum besten Musiker, Musiklehrer und Kapellmeister in den USA. In hohem Alter erlebte er mit Stolz die erste Aufführung seines *Hail America* als Ceremonial March bei der Inauguration des amerikanischen Präsidenten Eisenhower 1952. Seitdem erklingt alle vier Jahre bei der Vereidigung des Präsidenten der USA Georg Drumms Komposition.

Bei seinem letzten Besuch in der Pfälzer Heimat wurde er Ehrenmitglied des Musikvereins in Kusel. Nach seinem Tod am 16.12.1959 in New York geriet er in Vergessenheit, sowohl in den USA, aber auch in der Pfalz. Doch Paul Engel hat ihm und den vielen anderen Wandermusikanten mit der Errichtung des Kuseler Musikantenlandmuseums ein bleibendes Denkmal gesetzt. Im Januar 2001 wurde in Erdesbach, dem Geburtsort des Musikers auf Anregung des dortigen Bürgermeisters Helmut Drumm, am ehemaligen Standort seines Geburtshauses, das bedauerlicherweise im Jahr 1963 abgerissen wurde, eine Gedenktafel zu Ehren seines berühmten Vorfahren erstellt.

Misshandelt von eigenen Genossen.
Friedrich Profit (1875-1951)

Unsere Parteileitung wird meine Ausführungen tot-schweigen. Dass ich Porzellan zerschlagen habe, wurde mir im Schlusswort des Genossen Bögler bereits attes-tiert. Damit schließe ich meinen Bericht ab. Mein Ein-fluss auf die weitere Gestaltung der Dinge ist gleich null!

Diese resignierenden Sätze schrieb im April 1946 der langjährige Vorsitzende der pfälzischen Sozialdemokra-tie, Friedrich Profit. Sie stehen am Schluss eines *Politi-schen Lageberichtes aus der Pfalz*, den man auch das politische Testament eines Sozialdemokraten nennen kann, der, von seinen Parteigenossen enttäuscht, sich nach den Entbehrungen und Verfolgungen im Dritten Reich aus dem politischen Leben zurückzog.

Am 18. August 1951 starb dieser Warner der pfälzi-schen Sozialdemokratie in Ludwigshafen. Ein Blick auf den Werdegang des Politikers kann uns die eingangs ge-schilderten Sätze der Resignation erklären.

Am 19. Mai 1875 in Zweibrücken geboren, siedelte Pro-fit in jungen Jahren nach Berlin über, trat dort in die SPD ein und kehrte 1896 in die Pfalz zurück. Als Schlossergeselle arbeitete er in der Reparaturwerkstätte der Pfalzbahnen in Ludwigshafen. Anfang Mai 1898 wurde Profit Lokalredakteur der in Ludwigshafen er-schienenen sozialdemokratischen *Pfälzischen Post*. In den folgenden Jahren arbeitete er sich innerhalb der Partei an vorderste Stelle, wurde zunächst Vorsitzender des Gewerkschaftskartells, dann Vorsitzender des sozialdemokratischen Vereins in Ludwigshafen, schließlich ihr erster hauptamtlicher Sekretär. 1912 saß Profit als einer des jüngsten Abgeordneten im bayerischen Landtag - damals gehörte die Pfalz noch zu Bayern.

Nach dem Ersten Weltkrieg galt er auf Grund seiner persönlichen Integrität als Sprecher nicht nur der sozialdemokratischen Partei, wenn es galt, die Belange der Pfalz gegenüber den imperialistischen Forderungen der französischen Regierung zu vertreten. Der deutschen Friedensdelegation in Versailles gehörte er als Sachverständiger für Pfalzfragen an. Im November 1921 erfolgte seine Berufung nach Berlin als sozialpolitischer Referent. 1923 ernannte Friedrich Ebert, der Reichspräsident der Weimarer Republik, den pfälzischen Politiker zum Ministerialrat im neu geschaffenen Reichsministerium für die besetzten Gebiete.

Der Name Friedrich Profit bleibt verbunden mit der von ihm, organisierten Abwehr des Separatismus in der Pfalz zu Beginn der zwanziger Jahre. Wiederholt rief er auf Kundgebungen seiner Partei in der Pfalz seinen Landsleuten zu: *Wie früher so steht auch heute in Deutschlands und Bayerns tiefster Not die pfälzische Sozialdemokratie treu zu ihrem Vaterland. Nichts ist in der Lage, ihr den Gedanken der Zugehörigkeit zu Deutschland zu entreißen!*

Als im Jahre 1923 pfälzische Separatisten mit Hilfe des noch unbekannten Führers der Nationalen Sozialisten, Adolf Hitler, versuchten, die Pfalz zur Republik von Frankreichs Gnaden auszurufen, neigten auch durchaus ehrenwerte Sozialdemokraten dem Gedanken zu, die Pfalz vom Reich zu trennen. Der Bürgermeister von Ludwigshafen, Paul Kleefoot, Dr. Friedrich Wilhelm Wagner. Später Richter am Bundesverfassungsgericht der Bundesrepublik Deutschland (!) sowie der Reichstagsabgeordnete von Kaiserslautern, Johann Hoffmann, teilten am 23. Oktober 1923 dem französischen General de Metz mit, dass sie *in Anbetracht der Verhältnisse in Bayern beschlossen hätten, sich mit Unterstützung Frankreichs für einen selbständigen pfälzischen Staat einzusetzen.* Alarmiert von dieser *francophilen* Haltung seiner *vaterlandslosen Genossen* eilte Profit nun in Begleitung des Vorsitzenden der Reichs-SPD, Otto Wels, in die Pfalz, um in endlosen Gesprächen die abtrünnigen Genossen wieder auf den rechten Weg zu bringen - was ihm schließlich auch gelang.

Als nach dem Zweiten Weltkrieg Frankreich wieder versuchte, die Pfalz „einzugemeinden", erhob Profit wieder die Stimme gegen Paris. Auf der ersten Reichskonferenz der SPD nach dem Krieg, im Oktober 1945, sagte Profit in Wenningsen u.a.:

Die Sozialdemokraten der Rheinpfalz erklären laut und deutlich, dass sie wie bisher auch in Zukunft Mitglieder der SPD sein wollen. ... Hiervon ausgehend ist es der Wunsch eines jeden Sozialdemokraten, dass von unse-

rem - zur Zeit französisch besetzten - Gebiet keine Ab-
tretung erfolgt. Lassen wir Profit weiter berichten, wie
diese seine Erklärung in der Pfalz aufgenommen wurde:

Die in französischer Emigration gewesenen Genossen
sahen die Dinge anders als ich. Meine in Wenningsen
abgegebene Erklärung, wurde von ihnen als falsch er-
klärt ... das Wort Deutschland in den Mund zu nehmen,
war für jene verpönt und ich, der es sogar zu sagen
wagte, dass wir Pfälzer den Glauben nicht verloren ha-
ben, wurde als ausgewachsene Nationalist verschrien ...

Auf einer Konferenz der pfälzischen SPD in Naturfreundehaus Harzofen bei Elmstein wurde Profit wegen
seiner in Wenningsen abgegebenen Erklärung heftig kritisiert. Die aus der Emigration zurückgekehrten Politiker waren nicht bereit, sogleich eine eindeutige Stellung
gegen die Politik der französischen Besatzungsmacht zu
beziehen, wie sie von einem Teil der Genossen, die die
Kriegsjahre in Deutschland unter der Herrschaft des Nationalen Sozialismus verbracht hatten, und den Vertretern der anderen Parteien, der Christlichen Demokraten
und den Liberalen, immer wieder gefordert wurde. In
der Auseinandersetzung um die Führung der pfälzischen
SPD unterlag Profit den „francophilen" Genossen.
Friedrich Profit schied aus. dem Vorstand der pfälzischen SPD aus.

Damit war ihm der Einfluss innerhalb der bestimmen-
den Kreise entzogen. Noch einmal aber, auf dem ersten
Parteitag der pfälzischen Sozialdemokratie nach dem

Ende des freiheitsfeindlichen Nationalen Sozialismus, im April 1946, erhob der nun 70jährige seine Stimme, um seine Parteifreunde vor einer zu starken Bindung der Pfalz an Frankreich zu warnen. Doch er durfte nicht zu Ende reden und wurde von seinen Parteifreunden vom Podium gezerrt. Dahin war die Hoffnung auf die Freiheit der Meinungsäußerung bei Sozialisten. In der Befürchtung, dass seine Worte nicht gehört werden, setzte er sich Ende April 1946 an den Schreibtisch und griff zur Feder, um der Nachwelt sein *politisches Testament* zu hinterlassen. Dieses lesenswerte Dokument, das er zur Sicherheit dem Archiv des Bistums Speyer anvertraute, ist eine zeithistorische Quelle ersten Ranges, zeigt sie doch, dass abseits der „hohen" Politik auch schwerwiegende Entscheidungen im kleinen Kreis fallen können.

Ob die Ermahnungen Friedrich Profits nicht doch Erfolg gehabt haben, lässt sich nur schwer sagen. Es steht jedoch fest, dass es den Führern der pfälzischen CDU mit schließlicher Unterstützung mancher Genossen gelungen war, dem Ansinnen französischer Kreise in den Nachkriegsjahren, aus der Pfalz ein zweites Saargebiet zu machen, zu widersprechen. Im Jahr 1951 starb Profit. Sein schriftliches Zeugnis gibt der Nachwelt Auskunft über die Haltung eines einsamen wackeren Streiters der nationalen und pfälzischen Sache.

Ein katholischer Pfarrer streitet gegen den Nationalen Sozialismus.
Karl Neuberger (1875-1959)

Können wir eine Zeit, eine Epoche nur durch das Kennenlernen der Handlungen von Regierungen verstehen? Gehört nicht auch die Kenntnis der Ereignisse vor Ort dazu? Damit wird Geschichte erst anschaulich und begreifbar. Die Beschreibung des Alltags, der Verhältnisse im Ort, im Kreis können ein Gefühl der Betroffenheit, aber auch der Verantwortung für Politik und Geschichte vermitteln. Dazu gehört die Kenntnis von Personen, die Zivilcourage gelebt haben, wie der ehemalige Pfarrer von Fußgönheim Karl Neuberger.

Dieser trat nach vier Jahren Ruhestand im Alter von 64 Jahren am 1. Januar 1939 seine Stelle als Pfarrverweser und am 1.Oktober als Pfarrer in Fußgönheim an. Zu dieser Zeit hatte er bereits bewegte und kämpferische Jahre gegen den Nationalen Sozialismus hinter sich gebracht und hoffte nun, in seiner neuen Stelle etwas Ruhe zu finden.

Was hatte Neuberger vorher alles erlebt, wo hatte er gewirkt? 1875 in Merzalben geboren, erhielt er 1922 die Priesterweihe und war bis 1935 Pfarrer im südpfälzischen Herxheim. Dieses Dorf machte schon früh mit seinem Widerstand gegen nationalsozialistische Parolen auf sich aufmerksam. Nazis bissen sich vergeblich die Zähne aus, denn auf die katholische Gemeinde mit ihrem Pfarrer war Verlass: Bereits vor der Machtübernahme durch die Nationalsozialisten wurde der spätere Gauleiter der Pfalz Josef Bürkel mit seinen Mannen unter Verlust der Partei-Flagge mit Schimpf und Schande aus dem Ort verjagt. Der Gemeinderat konnte im Frühjahr 1933 erst gleichgeschaltet werden, nachdem vier katholische Gemeinderäte verhaftet worden waren.

Hinter dem Widerstand der Bevölkerung stand der katholische Pfarrer Karl Neuberger, über den die Gauleitung der Partei des Nationalen Sozialismus sich wiederholt beim Bischof Sebastian in Speyer beschwert und auf die „Gefahren" für Ruhe und Ordnung im Dorf aufmerksam gemacht hatte. *Er würde sich nicht politisch neutral verhalten und gegen den Nationalen Sozialismus hetzen.* Unerschrocken hatte Neuberger schon lange vor der Zeitenwende gegen das Heraufziehen des sozialistischen Neuheidentums gepredigt.

Am 6. Mai 1933 forderten 15 Nationalsozialisten in einer Demonstration vor dem Pfarrhaus, Neuberger solle die Pfarrei verlassen, am besten solle er in ein Kloster gehen und aus der Öffentlichkeit verschwinden. Da diese Kundgebung ohne Wirkung auf den Pfarrer blieb, wurde sie einen Monat später wiederholt. Nun marschierten etwa 80 Personen gegen das Pfarrhaus und demolierten das katholische Jugendheim. Führende Mitglieder katholischer Vereine mussten in ihren Häusern aufbewahrte Vereinsgegenstände herausgeben, wie Thomas Fandel in seiner hervorragenden Arbeit *Konfession und Nationalsozialismus* schreibt. Pfarrer Neuberger floh aufgrund dieses massiven Druckes noch in der

Nacht des 21. Juni aus dem Dorf. Ihm war zugesteckt worden, dass seine Verhaftung drohe.

Um das sowieso schon überaus gespannte Verhältnis zwischen Bischof und Gauleitung nicht noch mehr zu strapazieren, überlegte man sich im bischöflichen Ordinariat, ob es nicht sinnvoll sein könnte, in der *schwarzen* Hochburg Herxheim einen weniger streitlustigen Pfarrer einzusetzen. Nachfolger Neubergers wurde Max Veitl, der spätere Domkapitular. Auch er ein entschiedener Gegner der Sozialisten, doch von anderem, mehr introvertiertem Naturell.

Für Neuberger musste eine neue Pfarrei gesucht werden, denn der bekennende Priester wollte sich nicht in den Ruhestand verabschieden. So kam er nach Fußgönheim. Dort und in der Filiale Ruchheim wirkte er noch fast zwei Jahrzehnte. Allerdings hinterließ er auch hier seine Spuren und wurde nicht immer von seinen „Schäflein" akzeptiert. Denn mit der neuen Lebensart der Wirtschaftswunderzeit, mit Tanz und Kinovorführungen im Ruchheimer Gasthaus *Zum Schwanen* – beim „Dicker" -, wohin die Fußgönheimer samstags abends auch mit dem VW-Transporter von Herrn Goldmann gebracht wurden, konnte er sich nicht anfreunden. Sie waren ihm des Satans. Für den Autor aber, der den Pfarrer noch im Religionsunterricht der Volksschule erleben durfte, und auch getadelt wurde, als er einmal zugab, an einem Sonntag im November des Jahres 1956 beim Dicker die Kindervorstellung *Rotkäppchen* gesehen zu haben, war Karl Neuberger eine etwas unheimliche, aber imposante

Person, wetterte er doch sonntags auch in der Filialkirche zu Ruchheim eindrucksvoll gegen die neuen Sitten, und damit erlebten die Kinder Kirche nicht unbedingt als Ort der Ruhe. Kirche war damals ein Erlebnisort erster Güte!

Im Dienste von Deidesheim.
Michael Henrich (1877-1949)

Michael Henrich wurde am 20. August 1877 in in dem in der Südpfalz gelegenen Dorf Geinsheim als Sohn eines Landwirts und Schreiners geboren. Mit fünf Jahren verlor er seinen Vater. Nicht ganz 18jährig erhielt er eine Anstellung an der Volksschule in Deidesheim. Es gelang ihm, zunächst als Hilfslehrer, dann als 'richtiger' Lehrer diesen seinen Herzenswunsch für die nächsten Jahrzehnte in der Stadt auszufüllen. Viele Generationen Deidesheimer Mädchen und Buben erlernten bei ihm das Einmaleins, Lesen und Schreiben. Sie spürten aber auch seine strenge und gütige Art.

Vertraut mit den Sorgen der 'einfachen' Leute, versuchte er sich um die Nöte der Kleinwinzer in der von mächtigen Weingütern geprägten Stadt zu kümmern. Bald reifte in ihm die Idee, dass die genossenschaftliche Selbsthilfe, die durch Wilhelm Raiffeisen erfolgreich in der Landwirtschaft verankert werden konnte, auch ein Vorbild für die Wingerter und Winzer sein könnte. Auf seine Initiative hin gründete man in Deidesheim 1898 den ersten *Winzerverein* der Pfalz. Von 1902 und 1923 diente er seiner Schöpfung als Rechner.

Während der Zeit des Nationalen Sozialismus hatte er recht viel unter seiner Glaubenstreue als tätiger Katholik zu leiden, nicht zuletzt erlitt er berufliche Hintansetzung, wurde ihm doch bei der Beförderung zum Schulleiter und Rektor der Nationale Sozialist Alfons Bold vorgezogen. 1943 wird er mit 65 Jahren pensioniert.

Politische Erfahrung sammelte Henrich während seiner Zugehörigkeit zum Stadtrat von Deidesheim in den zwanziger Jahren. Im April 1945 wurde er vermutlich durch einen Hinweis der Barmherzigen Schwestern von einem Offizier der US-Armee angesprochen und für den Posten des Bürgermeisters von Deidesheim ausersehen.

Nach dem Abzug der kämpfenden Truppe Ende März 1945 marschierten in Deidesheim Einheiten der US-Armee ein, die unter dem Befehl der 28.Infantrie-Division stehend, die Aufgabe hatten, für Ruhe und Ordnung zu sorgen. Verantwortlich war in der Stadt vor allem das 1286. Engineer Bataillon unter dem Befehl von Emil Schanzenbach, einem amerikanischen Offizier deutscher Abstammung. Zusammen mit seinen Offizierskollegen war er bereits im Herbst 1944 an der Universität von Charlottesville, NC, auf seine künftige Aufgabe als *town-commander* vorbereitet worden. Es gab bei der Übernahme der Befehlsgewalt keine Schwierigkeiten. Die genaue Prüfliste mit Instruktionen für den örtlichen Befehlshaber schrieb bis in alle Einzelheiten vor, wie die amerikanischen Soldaten nun nicht mehr ihr Kriegshandwerk, sondern ihre Verwaltungskenntnisse anwenden sollten:

Has the Burgermeister been screened by CIC ? Wurde der Bürgermeister von der Militärischen Abwehr überprüft? If Burgermeister is unsatisfactory, has new Bur-

germeister been appointed and screened? Wenn der Bürgermeister untragbar ist, wurde ein neuer überprüft und ernannt?

Ein neuer Bürgermeister musste in Deidesheim bestellt werden, nachdem der bisherige Amtsinhaber, Friedrich Eckel-Sellmayer, 1933 von den Nationalen Sozialisten ernannt, von den Amerikanern abgesetzt und vorübergehend inhaftiert worden war. Der katholische Geistliche von Deidesheim, der spätere Prälat Hartz, hat die Ernennung des neuen Bürgermeisters durch den für den Landkreis verantwortlichen Kommandanten Elzie R. Cramer am 25. April 1945 im Pfarrgedenkbuch festgehalten:

Am Nachmittag war ich zu einem Besuch auf das Bürgermeisteramt gerufen worden. Bei meiner Ankunft waren alle Barmherzigen Schwestern von hier anwesend zu meinem großen Erstaunen. Ein Offizier der amerikanischen Besatzungsbehörde gab in ziemlich gutem Deutsch - er war Kriegsgefangener in Deutschland gewesen - die Erklärung ab, dass von der Besatzungsbehörde ein Bürgermeister für Deidesheim bestellt werde. Da Herr Oberlehrer Henrich in peto sei, verlangte er von den Schwestern und mir ein objektives Zeugnis über den Genannten. Ich konnte erklären, dass Herr Henrich der Vater des Pfarrers von Ebernburg sei, dass er der Nazipartei nicht angehörte, dass er gegen die von den Nationalsozialisten auch als Teil ihres Kirchenkampfes betriebene Einführung der Simultanschule gestimmt hatte und deshalb als berechtigtes Anwärter für das Amt eines Schulrektors übergangen wurde. Daraufhin ließ der amerikanische Offizier Oberlehrer Henrich auf das Bürgermeisteramt rufen und erklärte ihm, dass er kommissarischer Bürgermeister von Deidesheim werden soll. Herr Henrich erbat sich zehn Minuten Bedenkzeit. Erklärte aber nach ca. fünf Minuten, dass er bereit sei, dieses Amt zu übernehmen. Der Offizier reichte ihm die rechte Hand und sagte feierlich: Ich ernenne Sie zum Bürgermeister von Deidesheim.

Am nächsten Tag wandten sich der neue Bürgermeister und sein Beigeordneter mit folgendem Aufruf an die Männer und Frauen von Deidesheim:

Mit dem gestrigen Tage wurden die Unterzeichneten von der amerikanischen Militärregierung zu Bürgermeistern der Stadt Deidesheim ernannt. In schwerer Zeit übernehmen wir das Bürgermeisteramt und bitten euch um eure Unterstützung. Jeder wohlgemeinte Ratschlag aus den Reihen der Bürgerschaft wird von uns freudig begrüßt und gewissenhaft erwogen werden. Gerade in unserer Stadt stellt die allgemeine Versorgung mit Lebensmitteln und sonstigen dringenden Notwendigkeiten ein schwieriges Problem dar, bei dessen Lösung wir um eure tatkräftige und nur der guten Sache dienende Unterstützung bitten. In diesem Sinne wollen wir unter Hintansetzung aller egoistischen Erwägungen an unsere gemeinsame Arbeit gehen und bitten um eure volle Unterstützung.

Nach seiner Ernennung bemühte sich der 67 Jahre alte Michael Henrich darum, einen vorläufigen Stadtrat zu bilden, der ihm und seinem Stellvertreter bei der Arbeit helfen sollte: Aus den verschiedenen Bevölkerungskreisen habe er Bürger zusammengerufen, die eventuell als Stadträte in Betracht kamen. Von den 20 Personen, die er zur Mitarbeit aufgefordert hatte, waren zur ersten Versammlung am 29. April 1945 18 erschienen.

Frau Piper von Buhl war die einzige Frau im neuen Stadtrat, was für die damalige Zeit sehr außergewöhnlich war. Michael Rutz war schon bei der unter dem Einfluss der Nationalsozialisten gestandenen Stadtratswahl im Jahr 1933 gewählt worden, musste dann aber Ende Juli 1933 "freiwillig" sein Mandat wie viele andere auch, niederlegen. Ein hochangesehener Bürger der Stadt, Dr. Friedrich von Bassermann-Jordan, der 1929 auf der unparteilichen Bürgerliste kandidiert hatte und auch gewählt worden war, ist von Henrich nicht zur Mitarbeit aufgefordert worden. Ihm war nämlich bekannt, dass v. Bassermann-Jordan sich seit 1933 nach anfänglichen Differenzen mehr als notwendig mit den neuen sozialistischen Herren arrangiert hatte, ohne dabei jedoch Mitglied der NSDAP zu werden. Doch als es im Jahr 1936 darum gegangen war, einige neue Stadträte zu berufen, hatte Herr von Bassermann-Jordan das Ansinnen der Sozialisten nicht abgelehnt. Er hatte den Vorzug erhalten vor einem ehemaligen Sozialdemokraten, denn v. Bassermann-Jordan habe der *SS in Neustadt ein Auto geschenkt.* Am 15. September 1936 war er unter Berufung in das Beamtenverhältnis zum Stadtrat ernannt worden, was er bis zur letzten Stadtratssitzung am 30. Juni 1944 blieb.

Da Henrich den Neuaufbau in der Stadt ohne Rückgriff auf verantwortliche Personen aus der Zeit des Sozialismus und totalitären Diktatur und des Terrors wagen wollte, verzichtete er darauf, auch diesen hoch angesehenen Mitbürger zur Mitarbeit anzuhalten. Wie groß musste aber seine Überraschung gewesen sein, als bei der zweiten Versammlung der neuen Stadträte am 13. Mai 1945, sich Dr. Friedrich von Bassermann-Jordan einstellte und sich als Stadtratsmitglied ohne Widerspruch der Anwesenden zur Mitarbeit bereiterklärte. Was war geschehen? Offenbar hatte er seine guten Kontakte zu den amerikanischen Offizieren ausgespielt, denen er von seiner Absetzung als Präsident der Pfälzischen Gesellschaft zur Förderung der Wissenschaften im Jahr 1933 berichtet hatte. Schließlich gelang es ihm auch, durch ständige Einladungen zu Kellereibesuchen die amerikanischen Offiziere für sich einzunehmen. In Zukunft sollten selbst Mitglieder des alliierten Kontrollrates in Berlin nicht nur dieses Weingut schätzen lernen. Fast regelmäßig trafen hochrangige Offiziere in den Deidesheimer Kellergewölben ein. Nachdem sich die erobernden Soldaten noch ohne um Erlaubnis zu fragen bedient hatten, zogen Ende April *normale* Verhältnisse ein, so dass Friedrich von Bassermann-Jordan die Bitte äußern konnte, sein Haus *möge von der Belegung durch Soldaten verschont* bleiben. Er würde allenfalls die Einquartierung von Offizieren dulden. Was dann ja auch geschah. Nun war also mit der Anwesenheit des Gutsbesitzers der Stadtrat nach dem Verständnis der amerikanischen Besatzung komplett und konnte an die Arbeit gehen.

Im Protokollbuch der Stadt folgte unmittelbar auf die Niederschrift der letzten Stadtratssitzung unter der Diktatur der Nationalen Sozialisten am 30.6.1944 das Protokoll der ersten Stadtratssitzung unter der amerikanischen Besatzungsherrschaft.

Erwähnenswert sind bei dem Neuanfang des Stadtrates die einführenden Worte des Bürgermeisters und seines Stellvertreters. Sie seien zitiert, weil sie aus dem unmittelbaren Erleben und dem Nachdenken über die Ursachen des totalitären Staates gesprochen worden waren. Henrich betonte, dass *Freiheit, Wahrheit und Pflicht die Grundlagen der künftigen Verwaltung sein sollten. Außerdem sei es notwendig, dass die alten christlichen Grundsätze wieder zu ihrem Recht kämen.*

Dies war eine Vorstellung, die gerade in der damaligen Zeit noch von den meisten Bevölkerungskreisen mit überaus großer Zustimmung aufgenommen worden waren. Der sozialistische Totalitarismus in Deutschland wurde als Konsequenz der Abkehr vom christlichen Menschenbild verstanden. Selten waren die Gottesdienste so gut besucht wie unmittelbar nach dem Ende des Systems des Nationalen Sozialismus.

Pfarrer Hartz hatte im Pfarrgedenkbuch festgehalten:

Noch niemals nahmen so viele Deidesheimer an der Bittprozession zur Ruine der Michaelskapelle teil, wie an diesem 9. Mai. Man kann sagen, fast ganz Deidesheim zog in Prozession zur Ruine der Michaelskapelle.

Wie anerkannt waren selbst in der konfessionell so gespaltenen Pfalz die Prozessionen am Fronleichnamstag des Jahres 1945! Not lehrt beten - diese alte überlieferte Weisheit wurde damals zur täglichen Übung. Der Aufbau des neuen Deutschland sollte sich nach den Grundsätzen des Christentums orientieren. So dachte man vielerorts im Gegensatz zu heute So ist es auch zu verstehen, wenn nach Erscheinen der Zeitungen, damals diesen alten Ideen ein sehr großer Platz in der Berichterstattung eingeräumt worden war!

Als ein weiteres Übel, das zur verhängnisvollen sozialistischen Entwicklung in Staat und Gesellschaft in der Vergangenheit geführt hatte, bezeichnete Henrich *die Verwahrlosung der Jugend. Sie muss wieder erzogen werden*, forderte er vor den versammelten Stadträten, *denn es habe sich erwiesen, dass sich Jugend nicht selbst erziehen kann und sie deshalb verdorben und verwahrlost ist.* Dies sagte er in vollem Bewusstsein der Tatsache, dass ja sein Kollege Alfons Bold, der an seiner Stelle Schulleiter in Deidesheim und damit der Lehrer der Schuljugend von Deidesheim geworden war, und als der führende Nationale Sozialist der Stadt die ihm anvertrauten Schülerinnen und Schüler nach seinem sozialistischen Ideal erzogen und sie deshalb selbst zum Vorgehen gegen ihre jüdischen Mitbewohner ermuntert hatte. Für Henrich war es nun selbstverständlich, dass die Richtung, wohin erzogen werden sollte, nach dem christlichen Menschenbild, also gerade dem sozialistischen Gedankengut entgegengesetzt, erfolgen sollte. *Fehlte diese Orientierung, dann war es eben keine Erziehung zum selbstverantwortlichen Menschen.* Eine Sichtweise von Politik und Schule, die dann im Laufe der Entwicklung des neuen Staatswesens verloren ging, trotz der nochmaligen Betonung durch die Gründungsmütter und -väter des Grundgesetzes und der Präambel des im Jahr 1949 verkündeten Grundgesetzes für die Bundesrepublik Deutschland: *Im Bewusstsein seiner Verantwortung vor Gott und dem Menschen ...* Doch wie bald waren diese aus der Not geborenen Einsichten vergessen. So schnell wie eben der Hinweis von Henrich, dass *Pflicht zu den Grundlagen des neuen Gemeinwesens gehören sollte.* Wie schnell ging diese gute Absicht im bald entstehenden Parteikampf und Gezänk - auch in Deidesheim - wieder unter.

Bis zum 1. Juli 1948 versah Henrich das Bürgermeisteramt. Er war seit September 1946 der erste aus freien Wahlen hervorgegangene Bürgermeister nach dem Ende der sozialistischen Diktatur. Gleichzeitig war er Mitglied des Verbandsrates des Raiffeisenverbandes der Pfalz und Vorsitzender des Aufsichtsrates der Hauptkellerei Rheinpfälzer Winzergenossenschaften.

Henrich starb am 29. Dezember 1949, von Krankheiten gezeichnet, die ihn schon drei Jahre zuvor in ärztliche Behandlung gezwungen hatte. Er war eine Lehrerpersönlichkeit, die der erwählte Beruf allein nicht ausfüllte, die vielmehr darüber hinaus ihre ganze Kraft in den Dienst der Allgemeinheit - Winzerverein, Stadtrat, Kirchenrat, Stadtverwaltung - stellte.

Ein sozialdemokratischer Ortsamtsleiter der nationalsozialistischen Volkswohlfahrt. Georg Valentin Wambsganß (1879-1942)

Worüber soll man sich eigentlich mehr wundern: Über eine tadellose wissenschaftliche Leistung eines jungen Historikers oder über die Ignoranz der Bevölkerung, sich mit dem Ergebnis der Arbeit dieses Autors auseinanderzusetzen? Im Jahr 1997 legte Thomas Fandel seine fast 700 Druckseiten umfassende Dissertation über Katholische und evangelische Pfarrer in der Pfalz 1930-1939 vor, doch verursachten die darin festgestellten Tatsachen überhaupt keine Diskussion, schon gar nicht in der Öffentlichkeit. Ob die Hosenbeine von Thomas Gottschalk eng oder weit sind, ist Gesprächsstoff, die Taufe von Königskindern ist in Sondersendungen im Fernsehen zu sehen, die Zeitungen verschwenden darüber wertvolle Seiten. Doch Verstrickung, bewusste Anlehnung oder aktive Teilnahme von besonders protestantischen Pfarrern am Geschehen in der Zeit des Nationalen Sozialismus führt höchstens zu einer kurzen Buchbesprechung.

Doch wenn ein Thema wie die merkwürdigen Thesen von Goldhagen oder die dubiose und falsche Wehrmachtsausstellung von interessierter Seite hochgespielt werden, ist das Interesse, ja sogar die Empörung groß. Stand aber nicht in diesen beiden Fällen schon seit Jahrzehnten in der Wissenschaft fest bzw. war umstritten, was angeblich neu entdeckt wurde? Sollte es mit dem

Schicksal pfälzischer Pfarrer einmal ebenso geschehen, dass erst eine mögliche aus politischen Gründen gesteuerte Kampagne die Öffentlichkeit veranlasst, endlich Ergebnisse der Forschung zur Kenntnis zu nehmen?

Fandel beschreibt sehr eingehend Personen und Situationen aus vielen pfälzischen Städten und Dörfern, die eigentlich neugierig machen müssten zu fragen, wie war es denn damals? Werden vielleicht von bestimmter Seite solche Fragen verhindert? Warum wird dagegen immer mehr die Spaßgesellschaft favorisiert? Doch darf sich dies der aufgeklärte, mündige Bürger gefallen lassen?

Betrachten wir einmal das Schicksal des protestantischen Pfarrers von Neuhofen, so wird die zur Diskussion herausfordernde Verstrickung – nicht Schuld – deutlich. Sich darum zu kümmern, sollte weder zur Entschuldigung führen, noch zu Verurteilungen im Hinblick auf das Verhalten von Personen im Dritten Reich verleiten. Damit könnten pauschale Verdammung und grenzenlose Verharmlosung vermieden werden.

Wie sah damals in der Pfalz das politische Verhältnis zwischen dem System des Nationalen Sozialismus und Pfarrern aus? Fandel schreibt, dass von den 434 katholischen Pfarrern nur zwei dieser sozialistischen Partei angehörten, die aber vom Bischof in Speyer aus dem Dienst entlassen wurden. Von den 490 protestantischen Pfarrern besaßen 107 das Parteibuch des menschenfeindlichen Nationalen Sozialismus.

In Neuhofen wirkte schon in der Zeit der Weimarer Republik Pfarrer Georg Valentin Wambsganß. 1879 in Speyer geboren, verstand er sich als politischer Pfarrer. Er warb in den zwanziger Jahren in aller Öffentlichkeit für die SPD, war Mitglied im Landesvorstand des Bundes Religiöser Sozialisten und fiel dermaßen negativ auf, dass Dekan Cantzler 1930 feststellte, Wambsganß habe durch sein Eintreten für die marxistische Welt- und Staatsauffassung in der Arbeitergemeinde Neuhofen die Bevölkerung von der Kirche entfernt.

Natürlich kam Wambsganß damit auch in Konflikt mit den aufstrebenden Nationalen Sozialisten. Der Pfarrer nannte das Hakenkreuz ein heidnisches Symbol und warnte eindringlich vor den Folgen dieser Ideologie. Fandel: *Nach der heftigen Kritik an seiner Person, aber auch unter dem Eindruck der wachsenden Erfolge der Nationalsozialisten in seiner bisher politisch links stehenden Arbeitergemeinde stellte Wambsganß seine öffentliche Tätigkeit 1931 ein.*

Er trat aus der SPD aus und löste sich vom Bund religiöser Sozialisten. Seinen Sitz in der Landessynode der Pfälzischen Landeskirche gab er auf. Er wollte nur noch Pfarrer sein. So predigte er denn auch mit aktuellem Bezug. Unter Hinweis auf 1 Korinther 9, 20-23 meinte er einmal:

Was die Heiden opfern, das opfern sie den bösen Geistern und nicht Gott. Nun will ich nicht, dass ihr in der Teufel Gemeinschaft sein sollt! Ihr könnt nicht zugleich trinken des Herrn Kelch und der Teufel Kelch. Oder wollen wir dem Herrn trotzen?

Auch räumte er mit der Haltung auf, die zum Untergang der Weimarer Republik geführt hat: *Alles sei erlaubt!* Dem setzte Wambsganß die Behauptung der Bibel entgegen: *Es frommt nicht alles, es erbaut nicht alles!*

Dass die politische Obrigkeit sich nicht geschmeichelt fühlte, versteht sich. Deshalb betrieb der NS-Bürgermeister bei der kirchlichen Obrigkeit die Entfernung Wambsganß aus Neuhofen. Es kam zum Konflikt zwischen Kirche und Partei. Doch nach den sozialistisch beeinflussten Presbyterwahlen im Juli 1933 und den politischen „Wahlen" im November des gleichen Jahres zeigte sich die Partei großzügig:

Auch im Ort Neuhofen marschiert die Volksgemeinschaft. Unser Bedenken gegen Pfarrer Wambsganß als Störungsmoment ist somit hinfällig geworden, schrieb am 22. November 1933 der Ortsgruppenleiter an den Kirchenpräsidenten. Sicher hatte auch sein Bruder Fritz Wambsganß, Gauleiter der Partei des Nationalen Sozialismus, Führer des NS-Lehrerbundes und Präsident der protestantischen Landessynode (!!) ein Interesse daran gehabt, dass der Konflikt nicht ausuferte.

Wambsganß beugte sich als guter Demokrat der Mehrheit und ordnete sich in die Volksgemeinschaft ein. Er predigte jetzt *vaterländisch* und wirkte karikativ, indem er das Amt des Ortsamtsleiters der sozialistischen Volkswohlfahrt übernahm. So konnte er versuchen, die schlimmsten sozialpolitischen Auswirkungen der braunen sozialistischen Revolution zu mildern. Der Pfarrer blieb bis 1936 in Neuhofen, zog dann nach Dammheim bei Landau und starb 1942.

Wie ist Wambsganß zu bewerten? Ist er zu verurteilen, weil er sich doch noch dem Zeitgeist anpasste? Sein politisches Engagement ruinierte mit der Zeit seine Gesundheit, so dass er von körperlichen Beschwerden geplagt, aber auch von innerer Amtsmüdigkeit geprägt resignierte. Aus dem politisch einsatzbereiten Menschen, der sich gegen manche Auswüchse des Nationalsozialismus ausgesprochen hatte, wurde ein sich aus dem politischen Tagesgeschäft zurückziehender, angepasster Privatmann.

Ein putschender Lebemann aus der Provinz.
Franz Josef Heinz (1884-1924)

Ein Täter: *Ein Sprung. Ich stehe neben Heinz Orbis. Zwei fragende Augen blicken mich an… ich drücke zweimal ab. Zwei weitere Schüsse auf den Mann neben mir am Tisch, noch einen dritten. Ich sehe, dass einer schreien will. Auf meinen Schuss hin, fällt er unter den Tisch.* Ein andere Täter: *…Ich stülpte meinen Hut wieder auf, setzte gleichzeitig dem stehenden Separatisten die Pistole an die Schläfe und drückte ab. Nun war der Teufel los …*

Die Todesschützen Hannes Miebach und Günther Muthmann erledigten, was 1923 generalstabsmäßig geplant war: Die Tötung des pfälzischen Separatistenführers Franz Josef Heinz. Bis heute gehen die Meinungen auseinander, ob es Mord oder aber eine nationale Befreiungstat war. Doch damals wurden sein Tod und der vieler seiner Anhänger gefeiert, um die *nationale Verlässlichkeit der Pfälzer zu bestätigen,* wie Gerhard Gräber und Matthias Spindler in ihrem Buch *Revolverrepublik am Rhein* analysieren.

Das Geschehen im Wittelsbacher Hof von Speyer kann man erst verstehen, wenn man an die spannungsreiche Geschichte des Verhältnisses zwischen Deutschland und Frankreich erinnert. Nicht erst seit der französischen Revolution lag die Pfalz im Spannungsfeld zwischen französischen nationalen Interessen und den Versuchen deutscher Staaten, das linke Rheinufer vor den Begehrlichkeiten des westlichen imperialistischen Nachbarn zu schützen. Besonders nach der Erfindung und Betonung des Selbstbestimmungsrechtes der Völker wurde in den letzten zweihundert Jahren dieses Spannungsverhältnis als Probe auf die nationale Zuverlässigkeit der pfälzischen Bevölkerung untersucht. Wobei oft ein Missverständnis entstanden ist, denn die Selbständigkeit der Pfälzer gegenüber einem deutschen Staat rechts des Rheins kann man nicht gleichsetzen mit frankophiler Anhänglichkeit oder der Einverleibung der Pfalz nach Frankreich. Doch eigneten sich solche Bewertungen sehr gut im politischen Schlagabtausch, um Position zu beziehen bzw. im Rückblick manche Akteure auf pfälzischer Seite lobend oder tadelnd zu erwähnen. Besonders umstritten ist dabei bis auf den heutigen Tag die Person des Franz Josef Heinz.

Er wurde am 25. 2. 1884 im nordpfälzischen Dorf Orbis als Sohn einer alteingesessenen, katholischen, die Monarchie bejahenden Bauernfamilie geboren. Nach der Volksschule besuchte er das Progymnasium in Kirchheimbolanden. Die väterliche Erbschaft reizte ihn nicht; er überließ sie seiner 12 Jahre älteren Schwester, die ihm ein finanziell sorgenfreies Leben verschaffte, was seinem Naturell entsprach. Rudolf Hamm, Vorstandsmitglied in der Freien Bauernschaft, charakterisierte ihn so: *Er hatte unruhiges Blut; es velangte nach aufreizenden Erlebnissen. Er hatte zwei Passionen - Pferde und Frauen. Er war eine Erscheinung für das Podium, von*

feuriger Beredsamkeit, und verblüffender Schlagfertig-
keit.

Wenn er in Berlin bei Pferderennen, geschmückt mit
einer Bärenfellmütze, fachsimpelte, ließ er sich gerne
als Baron Heinz aus Orbis ansprechen.

Sein Geltungsbewusstsein, aber auch seine Art zu beein-
drucken, verschafften ihm Zustimmung. Er übernahm
1921 den Vorsitz des Gesamtverbandes der Freien Bauernschaft Pfalz, Bayern, Saargebiet und Rheinhessen.
Heinz stand damit einem mächtigen Verband vor, dem
allein in der Pfalz ein Viertel von 60000 Vollerwerbs-
bauern angehörte. Die Vertretung berufsständischer Interessen brachte ihn aber oft in Gegensatz zur Staatsregierung in München. Dadurch wurden die Generale der
französischen Besatzungsmacht, die seit dem 1. 12 1918
in der bayerischen Pfalz regierten, auf ihn aufmerksam.
Sollte der Kritiker der Regierung in München nicht
französischen Absichten hilfreich sein, ihr Spiel am
Rhein zu spielen, was die Alliierten Frankreich im Ver-
sailler Vertrag untersagt hatten? Doch Heinz war nicht
francophil: *Die Pfälzer brauchen Verteidiger ihres
Deutschtums, da sie immer deutsch gewesen sind und
auch deutsch bleiben werden, solange der Planet sich
um die Erde dreht!*

Warum Heinz dennoch Exponent des pfälzischen Separatismus wurde, ist nicht sicher zu sagen. Erlag er den
Schmeicheleien des französischen Generals De Metz,
der Heinz als Präsidenten eines künftigen linksrheini-

schen selbständigen Rheinstaates umwarb? Oder war letztendlich ein galantes Abenteuer mit einer adligen Gutsbesitzerin maßgebend für seine Entscheidung?

Als Vertreter der Bauern war Heinz Mitglied des pfälzischen Kreistages (heute Bezirkstag). Hier erlebte er am 23. 10. 1923, wie die Absicht einiger pfälzischer Sozialdemokraten ... *in Anbetracht der gegenwärtigen Verhältnisse in Bayern aus der Pfalz unverzüglich einen selbständigen Staat im Rahmen des Reiches zu bilden*, auf Verständnis der Franzosen, aber auf Ablehnung des Kreistages stieß. Auf diesem Weg also konnten die Franzosen ihre Idee eines selbständigen Staates am Rhein nicht voranbringen. Ein neuer Plan wurde entwickelt: Der französische General de Metz unterbreitete Heinz die Idee der Gründung einer Bank der Rheinischen Länder. Heinz vollzog in seiner Eigenschaft als Vorsitzender der Freien Bauernschaft die Unterschrift unter den Vertrag zur Gründung einer rheinischen Währung, wozu er aber keine Legitimation besaß. In heftigem Streit trennte sich der Vorstand von ihm. Aber brauchte Heinz die Freie Bauernschaft noch? Sollte er nicht bald mit Hilfe der Franzosen über alle Pfälzer regieren?

Noch nicht eindeutig belegt, weil die französischen Archive den Zugang verwehren, ist die Vermutung, dass über Heinz beträchtliche Geldmittel der Franzosen an Hitler, dem Vorsitzenden der neuen Partei des Nationalen Sozialismus, geflossen sind, damit auch dieser die Unruhe im Deutschen Reich zur Agitation gegen die Berliner Regierung nutzen konnte.

In Kenntnis der Planungen, die General a. D. von Ludendorff und Adolf Hitler in München entwickelten, von Bayern aus gegen die Reichsregierung zu putschen, besetzten Heinz und seine Anhänger bereits am 5. 11. 1923 pfälzische Dörfer und Städte. Obwohl vier Tage später der Münchener Aufstand scheiterte, rief Heinz am 12. 11. 1923 in Speyer die *Autonome Regierung der Pfälzischen Republik* aus. Mitglieder seiner *Regierung* waren der Unternehmer Bley aus Kirchheimbolanden, der Journalist Schmitz-Epper aus Mainz und der Weinhändler May aus Schifferstadt.

Mit der gewaltsamen Besetzung des Regierungspräsidiums in Speyer, der Bezirksämter und der kommunalen Dienststellen im November ging die Macht an die Separatisten über. Mit Unterstützung französischer Militärs versuchte Heinz, einen funktionsfähigen Staat aufzubauen, der sich auf französische Bajonette, nicht aber auf die Zustimmung der Pfälzer gründete. Hier glückte mit Hilfe Frankreichs, was in München Hitler am 9.11.1923 versagt blieb: die Machtübernahme. Zwei Monate „regierte" nun Heinz in Speyer.

Wenige Tage vor seiner völkerrechtlichen Anerkennung als *Präsident der Pfälzischen Republik* durch die Interalliierte Rheinlandkommission fiel Heinz Anfang Januar 1924 in Speyer einem Attentat unter Führung des Ludwigshafener Rechtsanwaltes Dr. Edgar Jung zum Opfer.

Bereits im Sommer 1923 hatte die bayerische Regierung über ihre „Haupthilfsstelle" in Heidelberg mit der Planung des Attentates begonnen und *vier Pistolenschützen des Bundes Oberland* ausgesucht: *Bis spätestens 10. Januar sind die führende Männer der separatistischen Regierung zu beseitigen,* lautete der Befehl aus München.

Am Abend des 9. Januar saß Heinz mit einigen seiner Getreuen beim Abendessen im Hotel *Wittelsbacher Hof* als ihn die Schüsse trafen. Dass dabei auch ein unbeteiligter Gast, zwei Angreifer - Ferdinand Weismann und Franz Hellinger - und zwei weitere Separatisten - Mathias Sand und Nikolaus Fußhöller - getötet wurden, nahm man von offizieller, regierungsamtlicher Seite in Kauf. Heinz wurde tödlich getroffen. Edgar Jung, der Anführer des Attentates wurde leicht verletzt.

Das Attentat wurde in der Pfalz als Tell-Schuss bzw. als Gottesurteil verstanden. Die Staatsanwaltschaft Frankenthal ermittelte vergebens wegen Mord. Da die bayerische Staatsregierung das Attentat als Staatsnotwehr betrachtete, erhob niemand Anklage.

Franz Josef Heinz wurde in seinem Heimatdorf Orbis mit allen Ehren bestattet, wozu die französische Republik fähig war. Dagegen untersagte der Bischof von Speyer das katholische Begräbnis, weil *Heinz so viele Leiden über die pfälzische Bevölkerung gebracht* habe.

Die getöteten Attentäter Weismann und Hellriegel erhielten ein Ehrenmal auf dem Speyerer Friedhof.

Zehn Jahre später wurde Edgar Jung aufgrund seiner engen Bindung an die katholische Kirche im Gefolge der Morde vom 30. Juni 1934 (Röhmputsch) von den Nationalen Sozialisten umgebracht.

Von der Tat in Speyer ermutigt, stürmten am 24. Februar 1924 später aufgebrachte Pirmasenser das dortige Bezirksamt, in dem sich die letzten Anhänger des Heinz verbarrikadiert hatten; 6 Angreifer und 16 Separatisten fanden in den Flammen den Tod.

Aufgeschreckt von den Ereignissen, setzte die britische Regierung endlich Paris so unter Druck, dass es den Franzosen geraten schien, die politische Gewalt den legitimen Autoritäten zurückzugeben.

Mit der Machtergreifung der Nationalen Sozialisten im Jahr 1933 wurden einige Anhänger des Heinz umgebracht. Vermutlich auch deshalb, um die Kontakte Hitlers mit dem *Erbfeind* nicht zu verraten. Andere fanden in Frankreich und in der französischen Kolonie Algerien Schutz und Unterkommen. Einige davon wie der *Wirtschaftsminister* Adolf Bley versuchten nach dem Zweiten Weltkrieg erneut, allerdings vergeblich, mit Hilfe der Franzosen ihr Spiel am Rhein aufzuführen.

Geprägt vom katholischen Elternhaus.
Rudolf Löffler (1890-1942)

Er sprach von seiner Tochter. Schülerin. Dann Studentin. Dann Ehefrau. Immer wieder von ihr. Sie war seine einzige Tochter. Sein einziges Kind. Er liebte sie sehr und sprach über ihre Schulleistungen, über ihr glänzendes Abitur, den Beginn ihres Studiums - Jura - auch darüber, dass sie im Urlaub einmal nach San Franzisko fahren würde. Ach ja, USA. Das war ein Stichwort, mit dem er nicht nur, aber auch immer wieder mit seinem Kollegen ins Gespräch kam. Der Kollege war neu im Ministerium, das gerade in den Tagen seines Dienstantritts in ein 11-stöckiges Hochhaus umgezogen war. Er war an der Universität in Heidelberg mit einer Arbeit über den *Pfälzischen Separatismus nach dem Zweiten Weltkrieg* promoviert worden und hatte die Gelegenheit, im Ministerium seine ersten beruflichen Erfahrungen zu machen, dankbar angenommen.

Der Vater saß regelmäßig zur Mittagszeit am großen runden Tisch der im Erdgeschoss gelegenen Kantine. Staatsdiener sind nicht verwöhnt wie Mitarbeiter in der Wirtschaft oder bei den Medien und waren damit zufrieden, wenigstens als Mittagessen eine heiße Wurst, Senf und ein Brötchen zu erstehen. Ja, dafür musste man sich in die lange Schlange der wartenden Mitarbeiterinnen und Mitarbeiter einreihen. Nach einiger Zeit wurde das opulente Mahl noch mit ein wenig Mixed-pickels aus dem Glas verfeinert. Man aß seine Wurst und erzählte sich was – auch mit dem Gegenüber und dieser war in der Regel der seine Tochter so schätzende Vater. Doch dann gab es noch ein anderes Thema, nachdem sich mit der Zeit herausgestellt hatte, dass der junge Kollege auch aus der Pfalz stammte. Die pfälzische Geschichte, die aktuelle Politik und die schicksalhaft in beiden verwobenen Menschen.

Gern sprach er über den pfälzischen „Nationaldichter Paul Münch. Diesen hatte er im Jahr 1947 einmal zufällig im Zug von Lambrecht nach Neustadt im selben Abteil getroffen und seitdem hat sich eine Freundschaft entwickelt. Münch dichtete auf dieser Fahrt spontan, was er Walter Löffler widmete und hier zum ersten Mal veröffentlicht wird:

Herrn Walter Löffler aus Lambrecht zur freundlichen Erinnerung zugeeignet vom Verfasser Paul Münch, Neustadt, den 29.11.47.

Die Edelsteen sin nie so groß
Wie Pflaschterwacke.
Auch unsre liewi Palz is bloß
E winzig kleiner Placke
Und trotzdem is se hochgeehrt
Als Glanzpunkt vun der ganze Erd.

Der Vater hatte viel zu erzählen. Von seiner jungen Frau, die als Stenotypistin unter der französischen Besatzungsmacht gearbeitet hat; von seinen Erfahrungen mit den Beamten und Politikern des Kultusministeriums; von den Eigenheiten und Gewohnheiten, aber auch von den Arbeitsabläufen, die im Rückblick seiner vielen

Arbeitsjahre nicht effizienter, dafür aber mühevoller und komplizierter geworden waren.

Der Vater weckte das Interesse des neuen Kollegen. Er wurde neugierig, was sein an Jahren und Alter ihm voraus hatte und zu erzählen wusste. Es gestaltete sich ein freundschaftliches Verhältnis. Der Neue hatte einen väterlichen Freund gefunden, der ihm so manchen Rat erteilte, um in der Ministerialbürokratie zu überleben. Doch dieser Vater war geprägt durch die Erlebnisse im Zweiten Weltkrieg, durch die Zeit des Nationalen Sozialismus, aber auch durch die Standfestigkeit seines Vaters, der unerschütterlich gegen die pfälzischen Separatisten der zwanziger Jahre, dann beharrlich gegen die braunen sozialistischen Proleten widerstanden hatte. So verging manche Mittagspause in der Kantine mit dem Erzählen, mit dem Fragen, mit dem Einordnen politischer Ereignisse in der Pfalz während der 20er und 30er Jahre. Oft zog sich das Gespräch in die Länge. Die letzten Kantinenbesucher waren schon gegangen, und die beiden Pfälzer saßen immer noch am runden Tisch.

Einmal zeigte der Alte ein Bild von seiner Tochter: – hübsch, strahlend und eben die Tochter ihres Vaters. Später erhielt der junge Mitarbeiter einen Brief, eine Anzeige, dass seine Tochter geheiratet habe. Auf dem beigelegten Foto des Brautpaares sah sie hinreisend aus. Sie fand später eine Anstellung bei einem Gericht in der Pfalz.

Doch zu dieser Zeit war der Vater schon längst aus dem Dienst geschieden, schrieb aber immer wieder dem lieb gewonnenen Gesprächspartner und Kollegen am runden Tisch. Die Briefe stapelten sich zu den Notizzetteln und Kopien, die jahrelang durch den Amtsboten von seinem Dienstzimmer hinauf in den zehnten Stock des Ministerbüros getragen wurden, wo der „Neue" inzwischen schon routiniert tagein, tagaus Reden und Aufsätze für die Oberen produzierte. Die Notizen und Hinweise aus dem dritten Stock waren immer wertvoll. Verfügte doch der Mitarbeiter dort über ein ausgezeichnetes Gedächtnis, über ein umfangreiches Privatarchiv und natürlich über Erfahrung, was politisch machbar war und was nicht.

Walter Löffler, so hieß der Vater, erzählte gern und oft über die Erlebnisse seines Vaters, des Kaufmannes Rudolf Löffler aus dem pfälzischen Lambrecht, der am 25.5.1890 in Harthausen bei Speyer geboren wurde und einer der wenigen *intellektuellen Vordenker der pfälzischen Zentrumspartei* gewesen war. Gerhard Nestler, der verdienstvolle Stadtarchivar von Frankenthal hat vor Jahren die Erlebnisse des Rudolf Löffler aufgeschrieben, wie er sie von Walter Löffler erfahren hatte. In der pfälzischen Geschichte ist Löffler vergessen. Selbst die pfälzische CDU, die seit der Übernahme des Vorsitzes durch Bernhard Vogel, dann Georg Gölter und schließlich Kurt Lechner politisch immer mehr an Bedeutung verlor, hat zu ihrer Geschichte überhaupt kein Verhältnis. Geschichte galt und gilt diesen Vorsitzenden im

Unterschied zu Helmut Kohl, der dieses Amt in den 60er Jahren bekleidet hatte, nur etwas für Sonntagsreden. Doch bewahrheitet sich gerade bei dieser Partei, dass *wer keine Vergangenheit hat, auch keine Zukunft hat*. So ist das Parteiarchiv auch in desolatem Zustand, Personen, auf deren Schultern die Heutigen stehen, sind vergessen. So auch Rudolf Löffler, der geprägt von den Ideen Matthias Erzbergers und Josef Wirths, sein Leben für seine Überzeugung gab. Er ist heute vergessen, doch wäre er nicht Vorbild als Katholik und als Zentrumsmann, der die z. T. reaktionäre Politik der in der Pfalz auch agierenden Bayerischen Volkspartei verurteilt und mannhaft gegen die braunen sozialistischen Revolutionäre gekämpft hatte?

Löffler war Stadtratsmitglied von Lambrecht, kandidierte im Juli und November 1932 für den Reichstag und sollte die Parteiführung in der Pfalz übernehmen. Doch alles zerschlug sich aufgrund gewisser Rivalitäten mit der Ludwigshafener Zentrumsführung unter Hermann Hoffmann, aber auch wegen der sich überstürzenden Ereignisse in Gefolge der Übernahme der Herrschaft im Reich durch die Nationalsozialistische Deutsche Arbeiter Partei.

Diese war war kaum gegründet, erhob Rudolf Löffler schon im Jahr 1922 in einem Beitrag für die *Neue Pfälzische Landeszeitung* schwere Vorwürfe gegenüber Adolf Hitler und beschrieb in aller Deutlichkeit die weltanschauliche Differenz zwischen den Sozialisten und den Katholiken. Zehn Jahre später schickte er dem späteren Mitbegründer der pfälzischen CDU, Gustav Wolff, der von der heutigen CDU ebenfalls vergessen ist, folgende prophetische Worte:

Haben Sie sich schon Gedanken über diese Dinge gemacht? Ich für meine Person fühle mich tief unglücklich über das jetzige Verhältnis zwischen Zentrum und Hitler, denn es kommt der Tag, wo das Zentrum für seine Bereitwilligkeit an einer arbeitsfähigen Mitarbeit mitzuhelfen, seinen Fußtritt bekommen wird. Mein Misstrauen gegenüber der NSDAP ist unüberwindlich.

Die Nationalen Sozialisten kamen zusammen mit der Deutschnationalen Volkspartei im Januar 1933 an die Macht, wüteten, verhafteten Katholiken, auch Sozialdemokraten und Kommunisten und wurden dennoch von der pfälzischen Arbeiterschaft und der Mehrheit der pfälzischen Sozialisten und Protestanten gewählt. Die Parteien wurden schließlich im Sommer 1933 verboten. Löffler war die politische Plattform entzogen. Artikelschreiben, Redenhalten und Agitation für seine katholische und politische Sache waren nicht mehr. Was tun? Flugblätter drucken, diese mit Hilfe von Tapetenkleister an Hauswände und Türen kleben?

Auch wenn Löffler kaum von der Wirkung seines Vorgehens überzeugt war, dennoch tat er es. Über zwei Jahre führte er die Polizei und Gestapo an der Nase herum. Drei Jahre lang konnte man in Lambrecht in regelmäßigen Abständen kleine Plakate lesen:

Die Bonzen schlemmen, der Arbeiter hungert. Heul Hitler. Parteitag der Freiheit? Volksknechtung, Massenbluff! Affentheater, Lüge und Trug! Nieder mit Hitler!

Doch dann wurde er denunziert. Die Lambrechter Hausfrau Magdalena S. entdeckte am 25. März 1936 an ihrem Hoftor im Wassergässchen einen Zettel: *Alles ist Schwindel!* Am 6.April 1936 wurde Löffler – ein *fanatischer Katholik, ein richtiger Schwarzer* – verhaftet. Er gab nach stundenlangem Verhör zu, die Zettel während der Arbeitszeit bei der *Trifels-Wollgesellschaft* selbst geschrieben zu haben. Rudolf Löffler wurde zu einer Haftstrafe von 14 Monaten Gefängnis verurteilt. Entlassen, wurde er noch einmal angeklagt, weil er gesagt haben soll, er habe keine Meinung mehr und wenn man solche habe, würde man bestraft. Wie aktuell doch manche Sätze der Vergangenheit klingen!

Körperlich krank und seelisch ein gebrochener Mann, der die politische Entwicklung in Deutschland nicht verstand, auch nicht verstand, warum so viele anders gläubige Christen und Arbeiter vor 1933 Hitler nachgelaufen waren, starb Rudolf Löffler mit 52 Jahren am 12. November 1942. Man sollte ihm in Kirche, Partei und Stadt gedenken.

Seinem Sohn Walter war das Erbe ein Vermächtnis. Bei den Gesprächen am runden Kantinen-Tisch warnte er wiederholt in der Zeit des aufkommenden Kommunismus eines Che Guevara, in der Zeit einer staatmonopolistischen kapitalistischen Gesinnung des späteren kommunistischen Generalsekretärs der SPD, Kai Uwe Benetter, in der Zeit der maoistisch-kommunistischen Gesinnung eines Joscha Schmierers, der bei den Studentenunruhen in Heidelberg 1972, besonders im *kommunistisch-sozialistischen Kampf* gegen den Rektor der Universität und Geschichtsprofessor Dr. Werner Conze nicht untätig war, später eine führende Stellung im Außenministerium in der deutschen Hauptstadt innehatte, auch bei der Diskussion über die Steinewerferei des späteren Außenministers Joschka Fischer vor der heraufkommenden Umgestaltung der deutschen Politik und Gesellschaft in präfaschistische Zustände.

Ein hartes Leben.
Adolf Ludwig (1892-1962)

Es wird ein hartes Leben sein gegenüber der günstigen Situation, die wir gegenwärtig hier genießen. Diese Zeilen schrieb am 5. Juli 1945 der ehemalige Bürgermeister von Pirmasens, Adolf Ludwig, in der französischen Emigration. Er entschied sich damals für das harte Leben zuhause.

Es gilt, sich an den herausragenden pfälzischen Politiker zu erinnern, der am 18. Februar 1962 in seiner Heimatstadt Pirmasens verstarb. Dort am 27. Juni 1892 geboren, besuchte er die Volksschule, anschließend machte er eine Lehre als Schuharbeiter. Offenbar mit den Arbeitsverhältnissen nicht zufrieden, vielleicht auch angeregt durch die gerade in dieser Zeit recht aktive pfälzische Sozialdemokratie, trat Ludwig 1910 in die SPD ein. Ein Blick auf die Wahlergebnisse zeigt, dass der sozialdemokratische Stimmenanteil bei den Reichstagswahlen kontinuierlich angestiegen war. Dieses Erstarken *seiner Partei*, seine beruflichen Erlebnisse, seine Auseinandersetzungen am Arbeitsplatz mit Kollegen und Vorgesetzten prägten den am Vorabend des Ersten Weltkrieges 22jährigen Pirmasenser. Das Schicksal Ludwigs im Ersten Weltkrieg darzustellen, ist nicht möglich, da die Quellenlage recht dürftig ist. Offenbar gehörte er aber zu denen, die sich im Feld geschworen hatten, nach dem Ende des Krieges politisch zu wirken, damit solches Blutvergießen nicht mehr stattfinde. Adolf Ludwig *krempelte die Ärmel"*hoch und wurde

1920 zum Bürgermeister seiner Heimatstadt berufen. Zehn Jahre lang übte er dieses Amt in schwieriger Zeit aus. Die französische Besatzungszeit war zu überwinden, die Separatistenfahne musste beseitigt werden. Neben der Bewältigung aktueller politischer Probleme fand er immer noch Zeit, sich rechtliche, wirtschaftliche und sozialpolitische Kenntnisse anzueignen. So besuchte er 1922 die *Akademie der Arbeit* in Frankfurt und 1924 das *Fircroft College* in Birmingham.

Seine politische Laufbahn wollte Ludwig als pfälzischer Abgeordneter im bayerischen Landtag fortsetzen, doch scheiterte dies an der Machtübernahme der Nationalen Sozialisten im Reich. Zwar wurde Ludwig 1932 in den Landtag gewählt, doch bereits ein Jahr später verhaftet. Schließlich emigrierte er wie so viele seiner Gesinnungsgenossen nach Frankreich. Dort widmete er sich innerhalb der französischen Gewerkschaften internationalen Fragen. Zwölf Jahre musste er zusammen mit seiner Familie im Exil verbringen, aber immer wieder von der Hoffnung getragen, einmal nach Deutschland in die Pfalz zurückkehren zu können. Dort in Frankreich verfasste er sein Tagebuch, dem zu entnehmen ist, wie sehr er im Sommer 1945 mit sich gerungen hat, in das zerstörte Deutschland heimzukommen:

Freitag, 5. Juli 1945. Die Zweckmäßigkeit einer Rückkehr aus der Emigration in Frankreich präsentiert sich jetzt unter ganz anderem Aspekt als am Anfang. Es wird ein hartes Leben sein gegenüber der günstigen Situation, die wir gegenwärtig hier genießen. Kein Verkehr,

keine Zeitung, kein Radio, schlechte Ernährung, demüti-
gende Situation. Trotzdem gibt es kaum eine Wahl ...

Adolf Ludwig kehrte im Oktober 1945 in die Pfalz zurück, wo er sogleich tatkräftig den beginnenden Aufbau
der pfälzischen Sozialdemokratie unterstützte. Aufgrund
seiner guten Kontakte zur französischen Besatzungsmacht und Gewerkschaftsbewegung, aufgrund seiner
vielfältigen kommunal-politischen und internationalen
Erfahrung wurde er zum Vorsitzenden der pfälzischen
SPD gewählt. Die Broschüre *50. Jahrestag Pfalz 1957*
berichtete über seine Wahl:

Auf dieser Konferenz im Naturfreundehaus Harzofen in
Elmstein sahen sich viele alten Freunde nach langen
Jahren zum ersten Mal wieder, und alle gelobten, dass
sie mit ihrer ganzen Kraft ans Werk gehen wollten. Die
Konferenz wählte Adolf Ludwig kommissarisch zum 1.
Vorsitzenden.

Mit Unterstützung seiner Freunde ging Ludwig an die
Gründung der SPD für die Pfalz, die dann Anfang 1946
von der französischen Besatzungsmacht genehmigt wurde. Zum Parteitag der Offensive konnte Ludwig am 13.
und 14. April 1946 nach Kaiserslautern einladen. Aus
197 Ortsvereinen kamen 367 Delegierte – darunter acht
Frauen.

Die Vorstandswahlen dieses ersten Parteitages nach
dem Ende der Diktatur bestimmten Adolf Ludwig zusammen mit dem ebenfalls aus der Emigration heimge-

kehrten Franz Bögler zum Vorsitzenden der pfälzische SPD.

Parallel zu seinen Bemühungen um die SPD widmete sich Ludwig dem Aufbau der pfälzischen Gewerkschaften, deren langjähriger Vorsitzender er wurde. Hier hatten ihm die aus der Emigrationszeit mitgebrachten Erfahrungen und Kontakte entscheidend geholfen. Besonders seine Verbindung zur französischen Gewerkschaftsbewegung brachte ihm denn auch einen Tadel einiger Genossen ein, die eine zu enge Beziehung zu Frankreich als den pfälzischen Interessen abträglich wähnten. So schrieb 1946 Friedrich Profit, der ehemalige Vorsitzende der pfälzischen SPD in der Zeit der Weimarer Republik :

Das Büro des Genossen Ludwig in Neustadt, d.h. also die Geschäftsstelle der Leitung der pfälzischen Gewerkschaften und der pfälzischen Partei, hat sich zu einer neuen Stelle der französischen Arbeiterbewegung ausgewachsen. Der Genosse Grumbach (franz. Gewerkschafter) kommt von Paris aus häufiger dorthin, als ich von Ludwigshafen.

Allerdings, Ludwig nutzte seine engen Kontakte zu französischen Sozialisten und zur französischen Besatzungsmacht im Interesse des Aufbaus des demokratischen Lebens, was selbstverständlich für Ludwig auch Auseinandersetzungen mit der Besatzungsmacht keineswegs ausschloss.

Voller Tatkraft und Schaffensdrang gelang es ihm, in kurzer Zeit die Organisation der Gewerkschaften aufzubauen. Später wird er Vorsitzender des Allgemeinen Deutschen Gewerkschaftsbundes, dann Vorsitzender des DGB von Rheinland-Pfalz. Karl-Martin Graß schreibt in der *Politischen Landeskunde für Rheinland-Pfalz: Er schuf dem DGB in Rheinland-Pfalz eine hoch angesehene Stellung und galt als Persönlichkeit, die über die Parteigrenzen hinweg zu wirken verstand und Vertrauen bis weit in die Arbeitgeberseite hinein genoss.*

Ludwigs politische Karriere als Abgeordneter, die 1933 von den Nationalen Sozialisten unterbrochen worden war, setzte sich geradezu selbstverständlich in der sich formierenden freiheitlichen Demokratie fort: 1946 war er Mitglied der beratenden Versammlung für Rheinland-Pfalz, sein Landtagsmandat, das er von 1946 bzw. 1947 an ausgeübt hatte, legte er 1949 nieder und zog als Abgeordneter in den ersten Deutschen Bundestag ein, dem er über zehn Jahre angehören sollte.

Sich heute des Politikers zu erinnern, sollte wohl Verpflichtung sein, gehörte er doch zu den Männern der ersten Stunde nach 1945 in der Pfalz; schließlich kam seine integrierende Funktion sowohl innerhalb der SPD als auch vor allem im Gewerkschaftsbund dem Aufbau der Demokratie zugute.

Ein Sozialist verteilt 1947 das Programm der Nationalen Sozialisten.
Hugo Müller (1893-1954)

Nachdem die amerikanischen Besatzungstruppen Anfang Juli 1945 die Pfalz verlassen hatten und die französische Zone eingerichtet worden war, setzte die französische Militärregierung das Konzept des *radikalen Provinzialismus* durch. Die auf dem linken Rheinufer von den Amerikanern geschaffene große Verwaltungseinheit *Mittelrhein-Saar* wurde in die drei selbständigen Verwaltungsbezirke Saar, Pfalz und Rheinhessen zerschlagen und durch das System der *Doppelverwaltung* der strikten Kontrolle der französischen Militärregierung unterstellt. An die Spitze der Provinzialregierung der Pfalz wurden von der Besatzungsmacht auch Personen berufen, die ihren Bestrebungen keine Schwierigkeiten bereiten sollten, ja der stellvertretende Regierungspräsident Dr. Karl Felix Koch war in den Jahren 1945-1947 sogar der Schutzherr der pfälzischen Neoseparatisten.

Die separatistische Bewegung in der Pfalz nach dem Zweiten Weltkrieg hatte sich in mannigfacher Weise in mehreren Gruppen organisiert. Ihre Tätigkeit vollzog sich zeitweise offen, zeitweise abseits der Öffentlichkeit, zuweilen unter der Tarnung kultureller oder wirtschaftlicher Interessenvertretung. Bei der Beurteilung der Personen muss festgestellt werden, dass eher die Befriedigung des Geltungsbedürfnisses einiger gescheiterter Existenzen als ernsthafte politische Überlegungen und Ziele hinter deren Absichten gestanden haben. Die „Vorsitzenden" und „Präsidenten" der neuen separatistischen Vereinigungen wurden von französischen Offizieren unterstützt, die z.T bereits Erfahrungen aus der Separatistenzeit der zwanziger Jahre mitbrachten. Zwar gab die französische Besatzungsmacht keine öffentlichen Erklärungen zugunsten der Separatisten ab, sie verbot aber auch ihre Tätigkeit nicht.

Sie passten offenbar nur zu gut in die Pläne Frankreichs, vom Deutschen Reich losgelöste, selbständige Staaten zu schaffen. Es war ihnen möglich, schon zu einer Zeit zu agieren und die Pfalz mit Schriften und Flugblättern, mit Versammlungen und Kundgebungen zu überziehen, als die Parteien noch illegal tagen mussten. Man ließ die Separatisten gewähren, offenbar in der Hoffnung, ebenso wie in den zwanziger Jahren, die Bevölkerung für ihre Ziele, die in den beiden Nachkriegsjahren auch die Ziele Frankreichs waren, gewinnen zu können.

Der Einfluss der Separatisten auf das politische Leben in der Pfalz war gering. Sie selbst wagten es nicht, anders als ihre Gesinnungsgenossen in Nordrheinwestfalen, bei der Kommunalwahl im Herbst 1946 oder gar bei der Landtagswahl 1947 zu kandidieren. Ihre Anhängerschaft lässt sich schwer schätzen. Sie dürfte zwischen 2000 und 3000 Personen betragen haben, deren Aktivitäten sich auf das Verteilen von Flugblättern beschränkten. Allerdings stifteten ihre Parolen und Behauptungen erhebliche Verwirrung in der Bevölkerung. So zum Beispiel bei ihrer Großkundgebung in Kaiserslautern am 26. Mai 1946, an der etwa 2000 Personen teilnahmen.

Die separatistische Bewegung in der Pfalz gründete sich einmal auf den Anspruch Frankreichs zur Aufrechterhaltung seiner Sicherheit, den Rhein als französische Ostgrenze zu gewinnen und auf der Abneigung pfälzischer Kreise gegen ein einheitsstaatlich aufgebautes "preußisches" Deutschland. Die Forderung nach Unabhängigkeit der Pfalz von Prußen-Deutschland und ihre Annäherung an Frankreich wurde mit dem Hinweis auf die eigene, weitgehend vom westlichen Nachbar beeinflusste Kultur und dem der abendländischen Geschichte entstammenden pfälzischen Volkstum begründet. Schließlich war das linke Rheinufer in der Zeit von 1801-1814 französisches Staatsgebiet. Die Aussagen über die staatsrechtliche Verfassung der geplanten selbständigen Pfalz oder des autonomen Rheinlandes sind allerdings so dürftig und so allgemein gehalten, dass kaum auf eine durchdachte Konzeption geschlossen werden kann. Allerdings trugen sie dem französischen Sicherheitsbedürfnis Rechnung, was wiederum die Sympathien der französischen Besatzungsmacht für die Separatisten geweckt haben dürfte.

Die Meinungen der Neoseparatisten hinsichtlich der staatlichen Zukunft der Pfalz veränderten sich im Laufe der beiden Nachkriegsjahre von der radikalen Forderung nach politischem und wirtschaftlichem Anschluss dieses Gebietes an Frankreich, über das Verlangen nach einem selbständigen Rheinstaat auf die wenig differenzierte

Äußerung, sich aus der "bayerisch-preußischen Bevormundung« befreien zu wollen. Die sowohl zeitliche als auch inhaltliche Übereinstimmung der Aussagen der Neoseparatisten mit der französischen Deutschlandpolitik ist auffallend. Auch bleibt festzustellen, dass die separatistischen Vereinigungen in der Pfalz, gleich der des Saargebietes, von Frankreich erst dann nicht mehr unterstützt wurden, nachdem sich die französische Regierung den deutschlandpolitischen Plänen der USA und Großbritanniens angenähert hatte.

Die Bevölkerung der Pfalz lehnte den Neoseparatismus nach dem 2. Weltkrieg ab. Die Parteien mussten sich gegen seine Wortführer zur Wehr setzen, um jeden Verdacht von sich zu weisen, sie würden mit ihnen gemeinsame Sache machen. Alle pfälzischen Parteien wagten es auch, im November 1947 im Landtag von Rheinland-Pfalz gegen das Treiben der pfälzischen Separatisten und ihre versteckte Unterstützung durch Frankreich zu protestieren.

In den folgenden Abschnitten wollen wir die im westpfälzischen Raum tätige Vereinigung *Sozialistische Rheinunion* näher darstellen. Im Sommer 1947 wurde die Bevölkerung von Flugschriften einer Organisation überrascht, die den *Zusammenschluss aller Deutschen der Gebiete Ruhr, Rheinland, Hessen-Nassau, Saar, Pfalz und Baden auf Grund des Selbstbestimmungsrechts der Völker zu einer Sozialistischen Rhein-Union* forderte. Als Vorsitzender zeichnete Hugo Müller aus Ulmet verantwortlich. Müller, der gleichzeitig Mitglied des *Pfälzischen Heimatbundes* war, verbreitete Handzettel und Flugschriften seiner Organisation hauptsächlich auf Parteiversammlungen der SPD im westpfälzischen Raum. Die bei der Firma Josef Kleinschmitt in Kusel gedruckten Mitgliedskarten waren vom *Präsidenten* unterschrieben.

Der Gründer der *Sozialistischen Rheinunion (SRU)* wurde am 14. Februar 1893 als Sohn des Maschinenfabrikanten Friedrich Müller in Ulmet geboren. Im Alter von fünf Jahren verlor er durch einen Unfall im elterlichen Betrieb drei Finger der linken Hand. Nach dem Besuch der Volksschule war er als Bürogehilfe auf dem Bürgermeisteramt seines Heimatortes tätig. Bevor er im Jahre 1922 auf die Ingenieurschule in Bingen ging, begann er eine kaufmännische Lehre bei der Firma Steinmann in Kaiserslautern.

Ab Mitte der zwanziger Jahre war Hugo Müller als Maschinenbauingenieur im elterlichen Betrieb tätig. Durch den Besitz verschiedener Patente, die er aber nicht verwertete, weil er mit den interessierten Patentauswertern nie handelseinig werden konnte, war sein Selbstbewusstsein beträchtlich gestiegen, denn seit seiner Kindheit hatte er sehr an der durch die Verkrüppelung seiner linken Hand entstandenen Benachteiligung gelitten.

In seiner Freizeit beschäftigte er sich gern mit populärwissenschaftlicher Literatur. Interesse an politischen Ereignissen war bis Ende des Zweiten Weltkrieges, den er wie auch den Ersten Weltkrieg wegen seiner Verletzung zuhause erlebt hat, nicht zu verspüren. Während des Dritten Reiches trat er auch nicht in die NSDAP ein. Dagegen galt er im Dorf als Sonderling, Einzelgänger und Phantast.

Als in den dreißiger Jahren sein Bruder Edmund den elterlichen Betrieb erbte und ihm nur eine geringe geldliche Unterstützung sowie das Wohnrecht im Elternhaus blieb, kam es zu handfesten Auseinandersetzungen zwischen den beiden Brüdern. Von nun an ging jeder seine eigenen Wege. Obwohl der Erstgeborene, war Hugo Müller die Übernahme des Familienbetriebes wegen seiner verschrobenen, abwegigen und unrealisierbaren Ideen verwehrt worden.

Nachdem er im Sommer 1945 beim Landratsamt in Kusel eine Anstellung als Bürogehilfe gefunden hatte, er aber nach etwa einem Jahr diese Stelle nach Aussagen eines Zeitzeugen wegen *seines frechen Maules* gekündigt bekam, erwachte sein politischer Ehrgeiz. Mit Hilfe der sozialdemokratischen Partei wollte er ein wichtiges Amt erreichen, um denen, die ihn zeitlebens nach seiner Meinung schikanierten, zu zeigen, was er wirklichen konnte. Zusammen mit dem Bürgermeister von Ulmet sowie dem Bürgermeister der Gemeinde Otterberg, beide Mitglieder der Sozialdemokratischen Partei Hessen-Pfalz, gründete er im Sommer 1947 die *Sozialistische Rheinunion*. Hinweise auf die ihm mögliche Denunziation von ehemaligen Mitgliedern der Partei der Nationalen Sozialisten an den französischen Ortskommandanten verschafften Müller in Form von Schweigegeldern eine gewisse finanzielle Unterstützung durch die Bevölkerung.

Als er schließlich einsehen musste, dass seine Bemühungen um eine neue Partei kein nachhaltiges Echo in den Gemeinden fanden, gab er sein Vorhaben auf. Die wenigen Anhänger wandten sich von ihm ab, nachdem sie seine geistige Hochstapelei erkannt hatten. In den folgenden Jahren lebte der *Präsident*, wie er sich nannte, von sporadischen Zuwendungen eines Bruders, der als Bankkaufmann in den USA tätig war, und von gelegentlicher Unterstützung durch seinen Bruder Edmund, in dessen Haus er ein Zimmer bewohnte. Im Jahre 1954 verstarb Hugo Müller im Alter von 61 Jahren.

Bevor wir auf die programmatischen Vorstellungen Müllers eingehen, die in den verschiedenen Flugschriften veröffentlicht wurden, müssen wir uns mit einem interessanten Detail des Programms der *Sozialistischen Rheinunion* befassen. Dieses war nämlich fast identisch mit dem Programm der Partei des Nationalen Sozialismus. Gewiss, in einigen Punkten gab es Unterschiede, aber gehörte nicht eine Menge Unverfrorenheit dazu, unter den Augen der französischen Besatzungsmacht zwei Jahre nach der von den Sozialisten herbeigeführten Katastrophe mit deren Programmaussagen die Bevölkerung gewinnen zu wollen?

Wie aus der folgenden Gegenüberstellung hervorgeht, wurden Teile aus dem Programm des Nationalen Sozialismus von 1925 wörtlich in das Programm der Sozialistischen Rheinunion (SRU) übernommen.

SRU Punkt 1:

Wir fordern den Zusammenschluss aller Deutschen der Gebiete Ruhr, Rheinland, Hessen-Nassau, Saar, Pfalz und Baden auf Grund des Selbstbestimmungsrechts der Völker zu einer sozialistischen Rhein-Union.

NSDAP Punkt 1:

Wir fordern den Zusammenschluss aller Deutschen auf Grund des Selbstbestimmungsrechts der Völker zu einem Großdeutschland.

SRU Punkt 6:

Alle Bürger müssen gleiche Rechte und gleiche Pflichten haben.

NSDAP Punkt 9:

Alle Staatsbürger müssen gleiche Rechte und gleiche Pflichten genießen.

SRU Punkt 7:

Im Hinblick auf die ungeheuren Opfer an Gut und Blut, die der Krieg vom Volke gefordert hat ...

NSDAP Punkt 12:

Im Hinblick auf die ungeheuren Opfer an Gut und Blut, die jeder Krieg vom Volke fordert ...

SRU Punkt 9:

Wir fordern Gewinnbeteiligung an Großbetrieben.

NSDAP Punkt 14:

Wir fordern Gewinnbeteiligung an Großbetrieben.

SRU Punkt 13:

Um jedem fähigen und fleißigen Union-Bürger das Erreichen höherer Bildung und somit das Einreihen in führende Stellungen zu ermöglichen, hat der Staat der Union für einen gründlichen Ausbau des Volksbildungswesens Sorge zu tragen. Das Erfassen des Staatsgedankens zu einer demokratischen Union muss durch eine gute Schulung geistig besonders veranlagter Kinder armer Eltern - ohne Rücksicht auf deren Stand oder Beruf - gefördert werden.

NSDAP Punkt 20:

Um jedem fähigen und fleißigen Deutschen das Erreichen höherer Bildung und damit das Einrücken in führende Stellungen zu ermöglichen, hat der Staat für einen gründlichen Ausbau unseres gesamten Volksbildungswesens Sorge zu tragen. . . . Das Erfassen des Staatsgedankens muss bereits mit dem Beginn des Verständnisses durch die Schule (Staatsbürgerkunde) erzielt werden. Wir fordern die Ausbildung besonders veranlagter Kinder armer Eltern ohne Rücksicht auf deren Stand oder Beruf auf Staatskosten.

Programm

Wir fordern:

1. Den Zusammenschluß aller Deutschen der Gebiete: Ruhr, Rheinland, Hessen-Nasssau, Saar, Pfalz und Baden auf Grund des Selbstbestimmungsrechtes der Völker zu einer sozialistischen Rhein-Union.

2. Die Gleichberechtigung des Volkes der unter 1 genannten Union gegenüber anderen Völkern, jedoch mit dem Verbot der Waffenerstarkung.

3. Zur Aufrechterhaltung der Ernährung, Ruhe und Ordnung erfolgt Aussiedlung (politische Ausweisungen) unseres Bevölkerungsüberschusses auf ein von den verbündeten Mächten zur Verfügung gestelltes Kolonial-Gebiet.

4. Das Recht auf Führung und Gesetz geht nur vom Volke aus und wird jeweils auf Grund freier Wahlen und durch eine eigene Verfassung festgelegt.

5. Daß sich der Staat der Union verpflichtet, für eine geordnete Erwerbs- und Lebensmöglichkeit, sowie für eine gut ausgebaute Sozial-Versicherung zu sorgen. Es müssen alle Sozialkassen, Krankenkassen usw. zu einer Einheitskasse zusammen geschlossen werden.

6. Alle Bürger müssen gleiche Rechte und gleiche Pflichten haben.

7. Im Hinblick auf die ungeheuren Opfer an Gut und Blut, die der Krieg vom Volke gefordert hat, sind frühere politische Rüstungs-Großbetriebe und Gewerbebetriebe aufzulösen und in Form von Genossenschaften und Selbsthilfe-Betrieben neu zu erfassen und als Wirtschaftsbetriebe zu übernehmen. Die Gefolgschaftsmitglieder selbst bilden ihre Vorstandschaft und Ausschüsse und sind sich gleichzeitig selbst ihr Kapitalträger.

8. Förderung von Handwerk und Gewerbe um eine gute Berufserziehung zu garantieren. Der Lebensstandard des Volkes wird dadurch auf eine normale Bahn gebracht und in politischer Hinsicht bleibt das demokratische Denken gesichert.

9. Gewinnbeteiligung an Großbetrieben oder Abführung der Dividende über dem Diskont-Satz an die Sozialkasse der Union für einen großzügigen Ausbau der Altersversorgung.

10. Festlegung der Alters-Arbeitsgrenze von 18 bis 55 Jahren. Nach Vollendung des 55. Lebensjahres Anspruch auf eine Sozial-Alters-Rente bei Erfüllung eines besonderen Arbeitsstatuts.

11. Die Schaffung von Sozial-Altersheimen unter Berücksichtigung der Heime für eine

Wenden!

SRU Punkt 14:

Wir fordern die Freiheit sämtlicher Religionsbekenntnisse in der Sozialistischen Rheinunion.

NSDAP Punkt 24: *Wir fordern die Freiheit aller religiösen Bekenntnisse im Staat ...*

SRU Punkt 18:

Zur Durchführung alles dessen fordern wir die Schaffung eines Vertrauensrates.

NSDAP Punkt 25:

Zur Durchführung alles dessen fordern wir die Schaffung einer starken Zentralgewalt.

Auf einen Abschnitt soll besonders eingegangen werden, denn es erscheint unvorstellbar, zwei Jahre nach der sozialistischen Diktatur solche Äußerungen zu lesen.

Punkt 3 des Programms der SRU wurde wörtlich aus Punkt 3 des Programms der NSDAP übernommen, jedoch mit einem Zusatz erweitert:

Zur Aufrechterhaltung der Ernährung, Ruhe und Ordnung erfolgt Aussiedelung (politische Ausweisung) unseres Bevölkerungsüberschusses auf ein von den verbündeten Mächten zur Verfügung gestelltes Kolonial-Gebiet.

Der Bevölkerungsüberschuss soll nicht nur wie im sozialistischen Parteiprogramm des früheren Reichskanzlers Adolf Hitler ausgewiesen werden zur *Aufrechterhaltung der Ernährung*, sondern auch zugleich, *um Ruhe und Ordnung im Staat zu garantieren*. Offenbar fand man immer noch Gefallen daran, missliebige Bürger auszuweisen. Diese Aussage wirft ein bezeichnendes Licht auf das Demokratieverständnis von Hugo Müller und seinen sozialistischen Freunden.

Erstaunlich ist es, dass der französische Kommissar von Ulmet nicht gegen diese von Müller verbreiteten Flugblätter vorgegangen ist. Warum hatte nun Hugo Müller für seine Bewegung ausgerechnet Programmpunkte der NSDAP übernommen? Wenn er Formulierungsschwierigkeiten hatte, was aus den zum Teil unverständlichen Aussagen durchaus zu folgern ist, warum nahm er dann nicht Programmpunkte der zugelassenen pfälzischen Parteien in seine Aussagen mit auf? Der Grund für die Übernahme des Programms der Nationalen Sozialisten lag wohl darin, dass Müller nach Aussagen von Zeitzeugen davon überzeugt war, dass der Nationale Sozialismus eigentlich ganz gut war, nur die führenden Leute des Dritten Reiches die ganze Sache verkehrt angefasst hätten. Er meinte, wenn erst einmal die richtigen Leute das Programm verwirklichen würden, dann müssten dessen positive Seiten in der ganzen Bevölkerung begeistert aufgenommen werden. Eine Argumentation, die ewig Gestrige nach dem Ende der kommunistischen Diktatur der Sozialistischen Einheitspartei in Teilen Deutschlands für sich in Anspruch nehmen.

Die Schriften der *Sozialistischen Rheinunion*, die auch zum Teil im Besatzungsarchiv im elsässischen Colmar lagern, stellen ein Vielerlei unreflektierter Aussagen zu den verschiedensten Lebensbereichen dar. Einige davon sollen kommentiert werden.

Die Union wollte Teile des französischen Besatzungsgebietes mit Ausnahme von Württemberg sowie das in der britischen Besatzungszone gelegene Ruhrgebiet umfassen. Ihre Bürger sollten auf Grund freier Wahlen einen Vertrauensrat schaffen, der die Geschäfte der Regierung erledigen soll. Gesetze sowie ein Verfassung sollte sich das Volk selbst geben. Der Wiederaufbau des zerstörten Gebietes habe nach den Vorstellungen Müllers unter der Überwachung und Leitung eines internationalen Ausschusses zu beginnen. Widersprüchlich war das Programm in seinem wirtschaftspolitischen Teil. Die Auflösung der Groß- und Gewerbebetriebe gefordert, dann aber eine Gewinnbeteiligung an Großbetrieben als wünschenswert angestrebt.

Überhaupt kann festgestellt werden, dass die programmatischen Aussagen zum größten Teil ein Gestrüpp wirrer Gedanken darstellten. So sollte der Mittelstand der *Rhein-Union* gefördert werden, um eine gute Berufserziehung zu garantieren, die den Lebensstandard des Volkes auf eine normale Bahn bringt und in politischer Hinsicht das demokratische Denken sichert. Sind diese Vorstellungen nur schwer nachzuvollziehen, so scheitert die Interpretation an folgender Forderung:

Das Erfassen des Staatsgedankens zu einer demokratischen Union muss durch eine gute Schulung geistig besonders veranlagter Kinder armer Eltern gefördert werden. Wenn es überhaupt gelingt, diesen Satz voll inhaltlich zu erfassen, so genügt nur die Frage nach den Kindern reicher Eltern, um das Konzept der Union als dilettantisch hinzustellen. Noch am ehesten ausgewogen scheint der Abschnitt zur Gesellschaftspolitik zu sein. Der Staat der Union soll sich verpflichten, eine gut ausgebaute Sozialversicherung zu errichten, in der alle Sozialkassen, Krankenkassen zu einer Einheitskasse zusammengeschlossen sind. In diese Sozialkasse sollten die Dividenden der Großbetriebe abgeführt werden, um einen großzügigen Ausbau der Altersversorgung garantieren zu können. Eine Sozial-Altersrente sollte mit der Erreichung der Alters-Arbeitsgrenze von 55 Jahren gewährt werden.

Interessant ist, dass das Programm der *SRU* den Handwerker und den Landwirt, dem die *Freiheit der Scholle* garantiert wurde, mit einer eigenen Formulierung bedacht wurde, der Arbeiter jedoch, den man im Programm einer *sozialistischen* Union an erster Stelle erwarten dürfte, überhaupt nicht erwähnt wurde. Als einzige *sozialistische* Forderung könnte allenfalls die *Vergesellschaftung der Großbetriebe* gelten.

Zum Schluss sei noch einmal auf eine unklare Aussage des Programms hingewiesen. Was soll der Satz *Wir fordern zur Erzeugung der Ernährung des Volkes Anpassung an den Lebensstandard desselben?* Hier bleibt zu konstatieren, dass es sich wohl nicht um ein ernsthaft gemeintes Programm handeln konnte. Wenn dennoch diese Absicht verfolgt wurde, dann konnte es sich bei Müller wahrhaftig nur um einen politischen Irrläufer handeln.

Anders als bei der im Jahre 1923 angestrebten *Sozialistischen Pfälzischen Republik* im Dienste der französischen Besatzungsmacht, zeigten die Aktionen des Präsidenten Hugo Müller keine Wirkung auf die Bevölkerung oder gar auf die stark umworbene pfälzische Sozialdemokratie. Neben der programmatischen Unverständlichkeit scheiterte der Versuch auch an mangelndem organisatorischem Rückhalt. Müller konnte nur mit ein paar Gesinnungsfreunden für seine Pläne werben.

Diese organisatorischen Schwächen bedingten auch, dass sich die Aktivitäten der Personen um Müller auf das Austeilen von Flugblättern beschränkten. Öffentliche Veranstaltungen wurden kaum durchgeführt. Wie weit das intellektuelle Potential geeignet war, sich überhaupt ernsthaft mit einer *Sozialistischen Rhein-Union* zu befassen, bleibt dahingestellt. Die vorliegenden Quellen müssen die Frage zuungunsten des *Präsidenten* beantworten. Somit bleibt festzustellen, dass diese Bewegung von Anfang an zum Scheitern verurteilt war.

Ein Europäer.
Karl Oswald Schreiner (1894-1972)

An einen Mann soll erinnert werden, der in den verschiedenen Stationen seines Lebens sich für die Idee eines auf Versöhnung zwischen Frankreich und Deutschland aufgebauten Europa eingesetzt hat. Seine Lebens-
geschichte ist gekennzeichnet von der deutsch-französischen Geschichte dieses Jahrhunderts.

Dr. Karl Oswald (Charles) Schreiner wurde am 22. August 1894 als Sohn von Jakob und Magdalena Schreiner
im damals zum Deutschen Reich gehörenden elsässischen Weißenburg geboren. Zusammen mit seinen
sechs Geschwistern wuchs er in einer Epicerie in der
Rue de la Republique auf. Im Ersten Weltkrieg war er
an der West- und an der Ostfront als Soldat der kaiserlichen Armee eingesetzt. Im Jahre 1921 beendete er sein
Studium mit der Promotion zum Doktor der Wirt-
schaftswissenschaften. Seine berufliche Laufbahn begann er als Attaché im Auswärtigen Amt in Berlin. Als
Mitarbeiter des deutschen Reichskanzlers Dr. Joseph
Wirth, Abgeordneter der Zentrumspartei von Offen-
burg-Kehl, lernte er bei der Vorbereitung und beim Abschluss des Locarno-Vertrages 1925 - der erste Schritt
zu einem europäischen Ausgleich - viele seiner französischen Kollegen kennen. Seine politische Laufbahn beendete er 1933 als deutscher Konsul beim äthiopischen
Kaiser Haile Selassie. Aktiv in der deutschen Wider-
standsbewegung, gelang es ihm, zahlreichen Freunden

die Flucht ins Ausland zu ermöglichen. Doch im Juni 1944 wurde er von der Gestapo in Paris verhaftet. Es beginnt nun sein Leidensweg durch die Konzentrationslager Dora-Nordhausen, Bergen-Belsen und Buchenwald. Er überlebte.

Neben vielfältigen beruflichen Tätigkeiten u.a. war er in den fünfziger Jahren Pressechef bei den Ford-Werken in Köln, eine Tätigkeit, die er für kurze Zeit 1931 schon einmal ausgeübt hatte, leitete er nach dem Zweiten Weltkrieg bis 1950 die in der Südpfalz liegende staatliche Weinbaudomäne Geilweiler Hof, der damals auch Wohnort hoher französischer Offiziere war.

Hier versuchte er, seiner Idee der Aussöhnung zwischen Deutschland und Frankreich eine tragfähige Basis zu geben. Die Südpfalz und seine Heimatstadt Weißenburg wurden ausersehen, sich zu einem neutralen Staat zu erklären, der Deutschland und Frankreich trennen und damit den jahrhundertealten Gegensatz zwischen den beiden Nachbarstaaten für immer aus der Welt schaffen sollte. Zur Keimzelle dieses Staates war der Geilweiler Hof ausersehen. Dort sollte im Sommer 1946 mit den Bauarbeiten für einen *UNO-Staat-Weißenburg* begonnen werden. Zusammen mit dem französischen Maler Georges H. Pescadere, Jahrgang 1915, den er im Konzentrationslager Buchenwald kennen gelernt hatte, warb Schreiner für seine Idee. Auf Seiten der französischen Besatzungsmacht in Neustadt sowie beim Bürgermeister von Weißenburg fand er bereitwillige Unterstützung. Anfang des Jahres 1946 waren die Pläne für die zu errichten den UNO-Gebäude fertig. Der frühere Bürgermeister von Landau, Gustav Wolff, sowie Dekan Johannes Finck aus Limburgerhof und der Sozialdemokrat Franz Bögler informierten sich im Frühjahr 1946 über das Vorhaben. Ihnen wurde recht bald bewusst, dass die französische Besatzungsmacht auch die Ideen von Schreiner dazu benutzte, in der pfälzischen Bevölkerung für ihre Ziele, die Pfalz von Deutschland abzutrennen, zu werben. Als die französischen Militärs einsehen musste, dass, trotz zahlreicher separatistischer Vereinigungen, die Pfälzer an einem Anschluss an Frankreich kein Interesse hatten, bekam Schreiner auch die Unterstützung für seine Pläne in der Südpfalz entzogen.

Wenige Jahre später versuchte Schreiner noch einmal, seine Ideen zu verwirklichen. Zu Beginn der fünfziger Jahre versuchte er, den Gedanken einer *Immunitas*, einer immunen europäischen Zone zwischen Weißenburg und Bergzabern zu verwirklichen. Die Bewegung *Bourg blanc - Weiße Burg - The white castle* wurde ins Leben gerufen. Die Errichtung einer europäischen Hochschule und Kulturstätte war geplant. Dieses auch in der Presse erörterte Vorhaben wurde besonders von französisch kommunistischer Seite heftig kritisiert. Die kommunistische Zeitung *L'Humanité* schrieb im Jahre 1952:

Angeblich sollen dort heimatlose Europäer untergebracht werden, d. h., das Gesindel, welches die Volksdemokratien und die Deutsche Demokratische Republik verlässt. Der Plan sei auch vom Flüchtlingsministerium in Bonn gutgeheißen worden, wo man die Bildung eines

deutschen Blocks propagiert mit dem Sudetenland, polnischen Gebieten, einem Teil der Schweiz und Elsass-
Lothringen.

L'Humanité sah hinter dem Plan der *Weißen Burg* fins-
tere Absichten. Er diene nur dazu, den *Elsässern und
Lothringern eine Schlinge um den Hals zu legen, damit
unsere Heimat morgen Zusatz zum Ruhr-Arsenal wird
und unsere Jugend wieder direkt in die Wehrmacht der
Generale Speidel und Heusinger eingezogen werden
kann.*

Dieser eigenwilligen Interpretation des Planes einer europäischen Friedenszone wurde von der *Kölnischen
Rundschau* am 9. November 1952 widersprochen:

Unter allen Plänen, die gemacht, unter allen Schritten,
die zur Einigung Europas getan wurden, ist der Weißen-
burg-Plan der machtpolitisch harmloseste, der wahrhaft
unverdächtigste, denn für Europa kann man ja kaum
noch weniger verlangen als eine Handvoll Erde, auf der
sich Europäer als Europäer und nur als Europäer fühlen
dürfen. Wer selbst in eine solch bescheidene Anregung
teuflische Absichten hineingeheimnisst, dem ist nicht zu
helfen und der will auch nicht, dass ihm geholfen wird.

Obwohl man bei den zuständigen Stellen in Bonn und
Paris die Vorstellungen Schreiners wohlwollend aufgenommen hatte, musste der Weißenburger Europa-Enthu-
siast mangels finanzieller Unterstützung seinen Plan
aufgeben.

Es war für ihn daher eine Genugtuung, als er im Jahre 1954 in Weißenburg einen dreitägigen Kongress der föderalistischen europäischen Studentenvereinigungen organisieren und leiten konnte. Die Einladung zu diesem Treffen legt noch einmal die Idee Schreiners dar. Es heißt hier unter anderem:

Das deutsche und französische Gebiet im Umkreis von Weißenburg soll unter dem Namen „Die Weiße Burg" ein Pflanzgarten des europäischen Gedankens werden. Die Idee stammt von dem französischen Maler Georges H. Pescadere und dem deutschen Journalisten Karl Oswald Schreiner. Sie wurde während des Zweiten Weltkrieges geboren, als beide ein gemeinsames Schicksal erlebten und dafür litten, dass sie Europäer waren. Damals beschlossen sie, dem Gedanken der europäischen Vereinigung eine Heimstatt zu bereiten. ihre Wahl fiel auf den Bereich um die Stadt Weißenburg, das Gebiet der historischen Immunitas Wizzenburgensis zwischen Deutschland und Frankreich ... Jugendliche aus den verschiedensten Nationen waren die ersten, die den Plan aufgriffen. Sie wollen aus der „Weißen Burg" eine Heimat der europäischen Jugend machen, einen Bauplatz Europas, der seine Anziehungskraft über den Kontinent ausstrahlt.

Schreiner gab auch eine recht einleuchtende Begründung, warum er ausgerechnet das südpfälzische, nordelsässische Gebiet für seine Pläne ausersehen hatte:

Weil es im Herzen Europas liegt, an der Schicksalsgrenze des Kontinents, als ein Schauplatz alter Feindseligkeiten und neuer Brüderlichkeit. Weißenburg war vor eintausend Jahren eine Immunität zwischen den rivalisierenden Mächten. Es war im Mittelalter eine Pflegestätte des abendländischen Geistes. Sein Name und sein Wappen - ein weißes Tor - symbolisieren seine Mission, Mittler und Bindeglied zu sein. Westwall und Maginotlinie, die letzten Baudenkmäler des europäischen Bruderzwists, haben Weißenburg ausgespart, so als sollte die friedliche Bestimmung dieses Gebietes für eine bessere Zukunft bekräftigt werden.

Das Programm forderte die Errichtung eines Hauses für die europäische Jugend. *Hier soll ein Treffpunkt der jungen Europäer entstehen, ein Arbeitsplatz für Sitzungen, Kurse und Kongresse. Das Haus der Jugend soll Raum für kulturelle Institutionen bieten, die praktische Europaarbeit leisten, ein Forschungszentrum, ein Studien- und Informationsbüro.*

Der europäische Jugendkongress wurde am 27. Februar 1954 mit einer Rede des Weißenburger Bürgermeisters Schumacher eröffnet und endete am 1. März mit einer Pressekonferenz. Auf diesem Kongress trat Schreiner das letzte Mal in der Öffentlichkeit auf. Enttäuscht zog sich der vom Europagedanken begeisterte Elsässer Anfang der 60er Jahre nach Santa Eulalia del Rio, einem kleinen Ort auf der Mittelmeerinsel Ibiza, zurück, wo er am 7.11.1972 verstarb. Eine Woche zuvor hatte er, von Krankheit und dem nicht überwundenen Schmerz über

145

den Tod seines 30jährigen Sohnes Philippe, der mit dem Flugzeug im Juli 1969 in der Nähe von Kinshasa, Kongo, abgestürzt war, gezeichnet, noch Freunde und Familienangehörige in Strasbourg, Hagenau und Wissembourg besucht.

Von Sozialisten ermordet.
Edgar Julius Jung (1894-1934)

Er war Jagdflieger im 1. Weltkrieg; Attentäter, politischer Schriftsteller, dessen Werke heute noch z. T. auf dem Index stehen. Er war Redenschreiber, Anti-Nationalsozialist und wurde in der Nacht des *Röhmputsches* 1934 von den Nationalen Sozialisten ermordet. Sicher, Jung war und ist umstritten. Er baute wie so viele spätere Gegner Hitlers zunächst auch auf die *braune Revolution* von 1933. Doch bereits zur Jahreswende 1933/34 sammelte er um sich herum Gleichgesinnte, die sich auch von dem proletarischen Gehabe der Nationalsozialisten distanzierten und immer öfter, Pläne schmiedeten, wie man andere politische Verhältnisse schaffen könnte. Damit reihte sich Jung ein in die Liste der vielen, die um 1930 eine Abkehr vom Weimarer System befürworteten, zwar nicht unbedingt das Dritte Reich ersehnten, aber doch mit Demokratie und Liberalismus nichts anfangen konnten: Thomas Mann, Kurt Tucholsky, Martin Niemöller, Graf Stauffenberg.

Edgar Julius Jung wurde am 6. März 1894 in Ludwigshafen geboren. Er schrieb: *Väterlicherseits stamme ich aus einer alten pfälzischen Beamtenfamilie, mütterlicherseits beackerten meine Vorfahren seit Generationen die pfälzische Scholle.*

Im humanistischen Gymnasium glänzte er in den Fächern Geschichte, Mathematik, Latein, Griechisch, Deutsch. Im Sommer 1913 bestand er das Abitur. Als in

Europa die Lichter ausgingen, der nationalliberale protestantische Gustav Stresemann von einem Großdeutschland bis an den Atlantik fantasierte und der protestantisch-preußische Kaiser Wilhelm II. 1914 die Truppen mit Unterstützung der Sozialdemokratie in den Krieg schickte, meldete sich Jung als Kriegsfreiwilliger beim 3. bayer. Cheveauleger-Regiment in Landau. Er kämpfte in Flandern und Artois und ließ sich noch im letzten Kriegsjahr zum Kampfflieger ausbilden. Nach dem Krieg nahm er in Heidelberg sein Studium wieder auf, das er, zum Dr. iur. promoviert, im Januar 1920 abschloss.

Schon während des Krieges setzte sich der Pfälzer mit politischen und künstlerischen Fragen auseinander und verfasste u. a. die Schriften *Gedanken eines unpolitischen Soldaten über die deutsche Lage* und *Über den literarischen Geschmack oder die Erkenntnis des künstlerisch Wertvollen*. Die Beschäftigung mit solchen grundsätzlichen, aber auch immer wieder in der Zeit des Umbruchs von der Monarchie zur Republik diskutierten Fragen führten ihn zur aktiv handelnden Politik – als Kämpfer im Münchener Freikorps Epp – und zum Eintritt in die Deutsche Volkspartei, DVP, die konservativen und nationalliberalen Bildungsbürgern, so auch Gustav Stresemann, ein Republikaner der Vernunft und nicht des Herzens, eine politische Heimat bot.

Jungs Biograf und Zeitgenosse, der frühere Landrat von Landau, Dr. Friedrich Grass, schreibt: *Für ihn kam weder die Sozialdemokratie, noch das Zentrum noch die*

Demokratische Partei in Frage. In der DVP fand er die Elemente, mit denen er glaubte, den Kampf um den Wiederaufbau des Vaterlandes gemeinsam führen zu können.

Schon als kriegserfahrener Student fühlte Jung sich berufen, politisch aufzuklären und für seine Überzeugung eines neuen Deutschland zu werben. Er trat mit immer größerem Erfolg in öffentlichen Versammlungen als Redner auf, und scharte um sich herum einen Kreis Gleichgesinnter. Geprägt wurde er auch von Rechtsanwalt Dr. Zapf, der von 1920-1932 für die Deutsche Volkspartei die Pfalz im Reichstag vertrat und in dessen Zweibrücker Anwaltskanzlei Zapf/-Biffar der frisch promovierte Edgar Julius Jung eintrat.

Im Januar 1923 wurden er und seine Frau aufgrund seiner politischen, deutschnationalen Reden von den in der Pfalz stationierten französischen Besatzungstruppen aus seiner Heimat ausgewiesen. In Heidelberg begann er nun – heute würde man sagen als Terrorist – eine Untergrundorganisation gegen die französische Besatzungsmacht aufzubauen.

Eisenbahngleise wurden blockiert, Bomben explodierten, Fabriken, die für die Franzosen arbeiteten, gingen in Flammen auf. Der Höhepunkt aber war der Überfall Jungs auf die führenden pfälzischen Separatisten im *Wittelsbacher Hof* in Speyer am 9. Januar 1924. Der Separatistenführer Franz Josef Heinz und zwei seiner Gesinnungsgenossen wurden erschossen. Auch zwei Attentäter ließen ihr Leben. Edgar Julius Jung, Urheber und führender Kopf des Anschlages, wurde am Hals getroffen, überlebte aber.

1930 begründete Jung das Attentat: *Es ging um nichts Geringeres als die Selbstbehauptung, um die Rettung des Lebens des Volkes. Es war ein Ausweg aus der Not des Vaterlandes.*

Wie auch immer, schon damals zeigte sich, dass sich Jung berufen fühlte, als Retter des Reiches, dieses vor Zerfall und Auseinanderbrechen durch eine „kühne" Tat zu bewahren. Jung:

Nicht leichten Herzens entschlossen wir uns damals zum Blutvergießen... Es ist später behauptet worden, es läge Meuchelmord vor. Diese klugen Rabulisten mögen einmal überlegen, ob ein Weg gegeben war, in offenem Kampf den Separatisten entgegenzutreten. Das wäre Selbstmord gewesen... Ich habe diese Tat jederzeit mit meinem Gewissen vereinbart und trage in mir die Gewissheit, dass sie gegen die Gebote des Sittengesetzes nicht verstößt.

Damit hatte sich der Protestant eindeutig zum Widerstandsrecht bekannt, das bekanntlich von Martin Luther abgelehnt wurde. Jung war sich auch bewusst, dass das Widerstandsrecht, der grundrechtsbezogene Attentatsgedanke eher von der katholischen Kirche - u.a. Jahre später von Oberst Stauffenberg - gestützt wurde. Für Jung bedeutete diese Begründung auch, dass er in der

Zeit des Nationalen Sozialismus ständigen Kontakt zu katholischen Widerstandskreisen hielt.

In den folgenden Jahren baute sich Jung in München eine Existenz als Rechtsanwalt auf. Zusammen mit seinem gleichgesinnten Partner Dr. Otto Leibrecht arbeitete er sehr erfolgreich, ohne dabei aber seine politischen Ziele und Ideen zu vernachlässigen. In dieser Zeit erschien sein umstrittenstes Buch *Die Herrschaft der Minderwertigen*, das man heute nicht so *einfach* in Bibliotheken ausleihen kann. Es war damals eine Sensation und fand begeisterte Zustimmung in den Kreisen derer, die mit der Weimarer Demokratie nicht einverstanden waren. Auf über 700 Seiten forderte Jung, dass die Zukunft Deutschlands religiös christlich geprägt werden müsse, denn nur dies garantiere die Freiheit zur individuellen Entfaltung, die aber kein Selbstzweck sein darf, sondern sich erst in der Familie, den Berufsständen und den Gemeinden entfalten sollte. Diese hätten sich um Schule, Sozialpolitik, Wirtschaft und Kultur zu kümmern, der Staat habe sich ganz der Außenpolitik zu widmen. Das Werk ist aus *einem Guss* und verfolgt konsequent ein christlich-konservatives Staats- und Gesellschaftsbild. Warum schrieb Jung dieses Buch?

Weil meine zahlreichen Versuche politisch zu wirken, ob es nun mit der Pistole in der Hand oder als Reichstagskandidat war, einfach an dem Ungeist der Zeit und des Systems scheiterten, stellte ich mir die Aufgabe, dieses System aus seinen Wurzeln zu heben, weil alles andere nur Symptombekämpfung ist.

151

Aus dem Aktivisten Jung wurde der *Schreibtischtäter*!

Die Arbeit als Rechtsanwalt in München ließ ihm Zeit, sich auch um jene Nachromantiker zu kümmern, die im geistigen Trümmerfeld der Nachkriegsjahre die „Blaue Blume" entdecken wollten. Dazu gehörte der Dichter Stefan George, Dr. Carl Felix Koch, dazu gehörten aber auch die Bohème-Kreise der Münchener Gesellschaft, die 1919-1923 Hitler den Hof machen sollten

Ausgedehnte Reisen in Europa führten Jung mit religiös Gleichgesinnten zusammen. In seinem Haus in München und während erholsamer Tage in Leoni am Starnberger See suchte er das Gespräch mit einflussreichen Persönlichkeiten aus Politik und Wirtschaft. Eines seiner Anliegen war:

Ich kann mir nicht vorstellen, dass ein Mann mit einem solchen Verbrechergesicht in Deutschland Diktator wird. Wir müssen verhindern, dass Hitler auch nur einen Tag an die Macht gelangt.

In Zeitungsbeiträgen trommelte er unaufhörlich sein Credo. Gegen die erschütternde Ungeistigkeit Hitlers, seiner Genossen und seiner Partei. Er nannte seine Bewegung *Aufstand der Rechten*. Für Jung wie für viele spätere Oppositionelle und Widerstandskämpfer im Dritten Reich war Hitler sozialistisch, antireligiös, freikirchlich, proletarisch, aber auf keinen Fall national.

Aufgrund seiner publizistischen Tätigkeit wurde Reichskanzler Papen auf Jung aufmerksam. Immer öfter übernahm er Jungsche Gedanken in seine Redetexte. Im Jahr 1932 sehen wir dann Jung im engsten Beraterkreis Papens. Als dieser Anfang Dezember 1932 von SPD und KPD gestürzt wurde, und nach dem unheilvollen Zwischenspiel seines Nachfolgers Schleicher, der Führer der Nationalen Sozialisten, Adolf Hitler, auf legalem Weg am 30. Januar 1933 vom protestantischen preußischen Reichspräsidenten Hindenburg zum Reichskanzler ernannte wurde, brach für Jung eine Welt zusammen. Entgegen Jungs Haltung befürwortete Papen die Ernennung Hitlers; er wurde sein Vizekanzler. Jung verzweifelte am 30. Januar 1933: *Ist es nicht furchtbar, wie allein wir in diesem Volke sind, das wir doch so lieben.*

Papen merkte zu spät, worauf er sich eingelassen hatte. Ende des Jahres 1933 wurden in verschiedenen Kreisen Pläne zum Widerstand gegen Hitler überlegt. Die Protestanten scharten sich um den Antisemiten und protestantischen Pastor Niemöller, der mit Begeisterung Hitlers Weg zur Herrschaft begleitet und ihn am 5. März 1933 gewählt hatte, nun aber angeblich zum Widerstand aufrief. Ähnlich verhielt sich auch Papen, der nicht ohne Einfluss Jungs sich immer mehr von Hitler und seinen sozialistischen, proletarischen Genossen angewidert fühlte.

Die erste Ernüchterung nach dem Rausch der Revolution vom Frühjahr 1933 war eingetreten. Die Gegenbewegung formierte sich. Am 17. Juni 1934 sollte, solange der protestantische Reichspräsident Hindenburg noch lebte und die Wehrmacht seinem Kommando unterstand, bei einer Rede an der Marburger Universität von Vizekanzler Papen das Signal zur Umkehr gegeben werden. Dr. Pechel schrieb dazu 1947: *Jung hatte einen klaren Plan, nicht nur, wie der Sturz Hitlers sich vollziehen sollte, sondern, wie die Regierung, welche die Nationalsozialisten ablösen würde, gestaltet sein müsste.* Jung: *Man sollte ihn wegknallen* - auch in Erinnerung an seine eigene *erfolgreiche* Arbeit in Speyer 1924.

Papens Rede für den festlichen Universitätstag des Jahres 1934 wurde von Jung geschrieben. Papen selbst hat sie erst auf dem Flug von Berlin nach Marburg lesen können. Änderungen wollte er vornehmen, doch ließ er nach Einspruch seines Adjutanten Tschierschky, ein Freund Jungs, davon ab. Papen trug die Thesen Jungs vor, ohne wirklich zu wissen bzw. zu spüren, dass er zur geistig-moralischen Wende in Deutschland aufrufen soll.

Ein Staat müsse sich entscheiden, ob er religiös oder weltlich sein wille. Die geschichtliche Logik verlange, dass auf den liberalen, weltlichen Staat von 1789 der religiös fundierte Staat der deutschen Gegenrevolution folge... Um diese Entscheidung, ob das neue Reich der Deutschen christlich sein wird oder sich im Sektierertum und halbreligiösen Materialismus verliere, wird gerungen werden... *Während die französische Revolution im Parlament und im allgemeinen Wahlrecht grundlegende Formen schuf, muss es Ziel der konservativen Revolution sein, durch organisch ständischen Aufbau zu allgemein gültigen Prinzipien vorzustoßen.* Und dann kam die für die Herrschenden umstürzlerische Wendung:

Die Vorherrschaft einer einzigen Partei anstelle des mit Recht verschwundenen Mehrparteiensystems erscheint mir geschichtlich als ein Übergangszustand, der nur so lange Berechtigung hat, als es die Sicherung des Umbruchs verlangt und bis die neue personelle Auslese in Funktion tritt… Die Partei muss überwunden werden zur Schaffung jener freiheitlichen Volksgemeinschaft, die am Ende dieser Revolution stehen muss!

Das war Originalton Edgar Julius Jung.

Die Rede wurde im Rundfunk übertragen. Hitler und Goebbels erfuhren davon auf dem gleichzeitig stattgefundenen Gauparteitag ihrer sozialistischen Partei in Gera. Hitlers Wutausbruch: *Lächerlich, wenn solch ein kleiner Wurm gegen eine solche gewaltige Erneuerung eines Volkes ankämpfen will. Lächerlich, wenn solch ein kleiner Zwerg sich einbildet, durch ein paar Redensarten die gigantische Erneuerung des Volkes hemmen zu können.*

Goebbels setzte sofort den regierungsamtlichen Zensurapparat in Bewegung: Die Rede durfte in den Zeitungen nicht veröffentlicht werden. Jung hatte geahnt, was kommen würde und deshalb den Redetext vorab in der Zeitung *Germania* veröffentlicht. Im Untergrund wurde sie weiter verbreitet.

155

Die Führung der Nationalen Sozialisten erfuhr, dass Jung hinter der Rede steckte. Bereits am 21. Juni erhielt er eine Warnung, ins Ausland zu flüchten. Doch mitten in den Vorbereitungen wurde er am Abend des 25. Juni 1934 in seiner Berliner Wohnung in Halensee von der Gestapo verhaftet. Seine Wohnung wurde durchwühlt. An die Wand des Badezimmers konnte Jung noch das Wort *Gestapo* kritzeln. Die Haushälterin, die im nächsten Tag in die Wohnung kam, die Unordnung und die Nachricht sah, alarmierte Freunde und Bekannte Jungs, darunter Edmund Forschbach, den Leiter des Cartellverbandes der inzwischen verbotenen katholischen Studentenverbindungen (CV). Dieser traf sich mit seinem Rechtsanwaltskollegen Gustav Heinemann (Bundespräsident 1969-1974) und Ernst Lemmer (Bundesminister 1957-1965), ehemaliges Mitglied der Reichstagsfraktion der Deutschen Demokratischen Partei und seit wenigen Monaten Korrespondent einer Schweizer Zeitung, im Berliner Hotel *Coburger Hof*, um zu beraten, was gegen die Verhaftung Jungs zu unternehmen sei. Lemmer unterrichtete die Auslandspresse.

Doch auch diese Meldungen konnten Jung nicht vor der Ermordung schützen. Forschbach hatte noch die Abschiedsworte Heinemanns im Ohr *Gott schütze sie!* als er wenig später beim Abhören eines ausländischen Senders erfuhr, dass Jung in der Nacht 30. Juni 1934 in einem Wäldchen bei Oranienburg erschossen worden war. Dr. Erich Klausener, der Leiter der *Katholischen Aktion*, wurde ebenso am Schreibtisch von SS-Männern hingerichtet wie ein Mitarbeiter Papens, Oberregierungsrat Bose, der mit Jung an der Rede mitgeschrieben hatte. Der Adjutant Papens, Tschirschky wurde ins KZ-Dachau verschleppt.

In dieser Nacht zum 1. Juli 1934 wurden nach umfangreicher Planung durch die Partei der Nationalen Sozialisten, Gestapo und SS auch innerparteiliche Gegner Hitlers, die eine permanente andere „sozialistische" Revolution forderten, umgebracht, u. a. Gregor Strasser, Bernhard Stempfle, der Mitautor des Hitler Buches *Mein Kampf*. Es war das Ereignis, das als *Röhmputsch* in die Geschichte eingehen sollte. Doch nicht Ernst Röhm putschte, sondern Hitler schaltete seinen schärfsten innerparteiliche Kritiker aus. Gleichzeitig wurden bürgerliche, konservative Kritiker des sozialistischen Systems zum Teil bestialisch liquidiert. Die Generale v. Bredow, v. Schleicher und viele andere, mehr als 70 Personen erschossen. Papen, der sich vergeblich gegen Jungs Verhaftung gewandt hatte, blieb am Leben. Im Juli wurde er von Hitler als Botschafter nach Wien abgeschoben.

Der Jurist des Nationalen Sozialismus Carl Schmitt formulierte umgehend:

Die zur Niederschlagung hoch- und landesverräterischer Angriffe am 30. Juni und 1. Juli 1934 vollzogenen Maßnahmen sind als Staatsnotwehr rechtens ... Der Führer schützt das Recht... erschafft als oberster Gerichtsherr unmittelbar Recht!

Das deutsche Rechtssystem war endgültig untergegangen! Die französische Zeitung *Le Temps* schrieb am 3. Juli 1934: *Altes Deutschland, das hast du nicht verdient!*

Der protestantisch-preußische Reichspräsident v. Hindenburg telegrafierte an Hitler:

Sie haben das deutsche Volk aus einer schweren Gefahr gerettet. Hierfür spreche ich meinen tief empfundenen Dank und aufrichtige Anerkennung aus.

Auch der protestantische, preußische Prinz August Wilhelm, ein Sohn des letzten Preußen-Königs und Kaiser Wilhelms II.. applaudierte erleichtert und hellauf begeistert, hatte er doch zunächst befürchtet, als SA-Führer auch unter Hitlers Wüten zu leiden.

Die Armee freute sich. Wurde doch mit Röhms SA ein möglicher Konkurrent um die bewaffnete Macht im Staat ausgeschaltet. Der Tagesbefehl vom 1. Juli 1934 lautete: *Die Wehrmacht als der Waffenträger der Nation dankt dem Führer durch Hingebung und Treue.* Auf dem Parteitag des Nationalen Sozialismus im September, den Leni Riefenstahl unter dem Titel *Triumph des Willens* filmte, erschienen die hohen Befehlshaber der Wehrmacht zum ersten Mal an der Seite des Führers. Sie tranken auf *das ewige Deutschland, auf die Wehrmacht, die wie zu Zeiten Preußens die Seele des Vaterlandes war* – so ihre Meinung.

Zehn Jahre später, am 20. Juli 1944, als es längst zu spät war, versuchte die Wehrmacht, sich Hitlers zu entledigen. Doch auch nun schlug der Führer zurück: Die Offiziere Stauffenberg, Witzleben, Hoepner, Stieff, Wartenburg usw. wurden ermordet. Sie ließen zehn Jahre zuvor den Tod ihrer Kameraden Bredow und Schleicher zu, leisteten Hitler den Eid und führten ab 1939 Millionen deutscher Soldaten vom preußisch-imperialistischen Größenwahn beseelt in den Tod.

War Edgar Julius Jung ein Phantast? Hätte bei einer besseren Zusammenarbeit mit einigen Kreisen der Reichswehr der Plan, Hitler zu stürzen, schon 1934 Erfolg gehabt? War die Jungsche Papen-Rede zu früh, zu unvorbereitet gekommen?

Jung war sicher ein elitärer, revolutionärer Konservativer. Hätte er überlebt, wäre er aber sicher auch ein Verteidiger der neuen Ordnung der Bonner Republik geworden, so wie viele andere, die in der Zeit der Weimarer Republik sich zu antidemokratischen Ordnungsformen bekannt hatten: Die ehemaligen Kommunisten Herbert Wehner, später Fraktionsführer der SPD, Ernst Reuter, später SPD-Regierender Bürgermeister von Berlin; der Sozialist Willy Brandt, der Hitlerbewunderer C.F. von Weizsäcker, später Mentor der Friedensbewegung, der Antisemit Bischof Otto Dibelius, später Ratsvorsitzender der EKD, oder Hans Globke, der Rassejurist, der in den 50er Jahren im Bundeskanzleramt tätig wurde.

Der Philosoph Leopold Ziegler hält Jung *für den entschiedensten, konsequentesten, mutigsten und klügsten Gegner Hitlers*. Er sollte zusammen mit den Opfern des 20. Juli 1944 genannt werden.

Der Vater unserer Nationalhymne.
Albert Finck (1895-1956)

Sehr geehrter Herr Bundespräsident!

Die Frage einer Nationalhymne ist in den vergangenen zwei Jahren wiederholt zwischen uns besprochen worden. ...Inzwischen ist nun die Frage dringend, und ich muss den Wunsch der Bundesregierung darum plichtgemäß wiederholen ... daher erneut die Bitte der Bundesregierung, das Hoffmann-Haydn'sche Lied als Nationalhymne anzuerkennen. Bei staatlichen Anlässen soll die Dritte Strophe gesungen werden.

Diese Sätze schrieb am 29. April 1952 der damalige Bundeskanzler Dr. Adenauer an den Bundespräsidenten Professor Dr. Heuß. Zuvor war es zu heftigen Auseinandersetzungen gekommen, da Heuß das alte Deutschlandlied ablehnte und einen Text des Deutschnationalen Rudolf Alexander Schröder als Nationalhymne bevorzugt hatte. Schließlich lenkte der Bundespräsident doch ein und erwiderte in seinem Brief vom 2. Mai 1952, dass er *kein Freund von pathetischen Dramatisierungen* sei und er geglaubt habe, dass der tiefe Einschnitt in der deutschen Volks- und Staatengeschichte einer neuen Symbolgebung bedürftig wäre. Er beuge sich nun dem beharrlichen Druck nicht nur Adenauers, sondern auch der vielen gesellschaftlichen Gruppen.

Damit wurde drei Jahre nach Gründung der Bundesrepublik Deutschland festgelegt, dass die dritte Strophe des Deutschlandliedes als Nationalhymne der Bundesrepublik Deutschland zu gelten habe, was wenig später im Bundesgesetzblatt veröffentlicht wurde.

Doch wie kam Konrad Adenauer darauf, das Deutschlandlied zu erwähnen? Wer hatte so beharrlich in Politik und Gesellschaft besonders für das Absingen der dritten Strophe des Textes von Heinrich Hoffmann von Fallersleben geworben? Es war ein Kampf, den Dr. Albert Finck aus Herxheim in der Südpfalz unentwegt drei Jahre lang ausgefochten und der als CDU-Mitglied des Parlamentarischen Rates Einfluss auf die Inhalte des Grundgesetzes genommen hat. In den 50iger Jahren war er Kultusminister von Rheinland-Pfalz .

Finck schrieb: *Der Parlamentarische Rat beschloss für den deutschen Kernstaat eine Flagge. Vergessen wurde aber ein vorläufiges Bundeslied festzulegen ... Die Verkündigung einer endgültigen Nationalhymne allerdings muss jener Zeit vorbehalten bleiben, in der Gesamtdeutschland beisammen ist.*

Diese Kritik an der Arbeit des Parlamentarischen Rates, der die Grundzüge einer Verfassung für die Bundesrepublik Deutschland erarbeitete, formulierte er in einem *Rheinpfalz*-Artikel am 9. August 1949.

Der in Philosophie und Germanistik promovierte Studienrat aus Neustadt, 1895 in Herxheim bei Landau geboren, war in der Zeit der Weimarer Republik Redakteur bei der von seinem Bruder Pfarrer Johannes Finck gegründeten katholischen *Neuen Pfälzischen Landeszeitung* und hatte sich seit 1946 in der CDU engagiert. Er war deshalb auch von seiner Partei in den Parlamentarischen Rat geschickt worden, wo er vergebens versucht hatte, die Frage einer Nationalhymne für den neuen Staat zu diskutieren. Doch sollte es ihm Jahre später durch *zähes Bohren der harten Bretter* gelingen, sein Anliegen doch noch zu erreichen.

So wurde auch am 23. August 1991 in einem Briefwechsel zwischen Bundespräsident von Weizsäcker und Bundeskanzler Kohl, der als Jugendlicher seine ersten politischen Orientierungen bei vielen Gesprächen im Haus des Pfarrers Johannes Finck, eines Bruders des CDU-Parlamentariers, erhalten hatte, noch einmal bekräftigt, was Adenauer und Heuß festgelegt hatten und was Albert Finck schon im Wahlkampf 1949 angeregt hatte. Bundeskanzler Kohl schrieb 1991: ... *Heute nach der Wiedervereinigung Deutschlands, verpflichtet uns auch das Deutschlandlied, für die Menschen in den neuen Bundesländern eine rechtsstaatliche Ordnung zu verwirklichen.*

Damit erinnerte Helmut Kohl an die Tatsache, dass die 3. Strophe des Deutschlandliedes als Hymne der Bundesrepublik Deutschland über Jahrzehnte hinweg fest im Bewusstsein der Bevölkerung verankert wurde. Doch dies war im Jahr 1949 als Finck auf das Fehlen einer Hymne hinwies, noch nicht selbstverständlich. Damals war die Zeit noch nicht reif, sich an das von Heinrich

Hoffmann von Fallersleben 1841 gedichtete Deutschlandlied zu erinnern. Zu sehr war besonders die erste Strophe von den Nationalen Sozialisten als imperialistische Forderung gedeutet worden. Wer wollte nach den Verbrechen der deutschen Diktatur noch an dieses Lied erinnern, das der sozialdemokratische Reichspräsident Friedrich Ebert im Jahr 1922 zur Nationalhymne der Weimarer Republik verkündet hatte? Doch Finck warb beharrlich für seine Idee, die dritte Strophe des bekannten Liedes zur Hymne der Deutschen zu vereinbaren. Und welche Mittel gibt es in einer Demokratie, sich Gehör zu verschaffen, wenn nicht in einem Wahlkampf?

Am 14. August 1949 fanden die Wahlen zum ersten Bundestag statt. Wahlkampf war angesagt. Wahlkampf auch für den Politiker Finck. Zusammen mit dem damaligen Vorsitzenden der pfälzischen CDU Jakob Ziegler warb er für die Ideen seiner Partei und machte es sich geradezu zur Pflicht, am Ende einer jeden Parteiveranstaltung die dritte Strophe des Deutschlandliedes anzustimmen. Das fiel auf, und *Radio Frankfurt* meldete im Frühjahr 1949 kritisch, dass in CDU-Versammlungen das Deutschlandlied gesungen werde.

Dagegen wandte sich Finck auf einer Kundgebung am 29. Juli 1949 in Deidesheim, bei der auch der spätere Außenminister Heinrich von Brentano sprach. Finck meinte, *es werde lediglich die dritte Strophe gesungen, die von Recht und Einigkeit und Freiheit handle. Diesen Vers hätten die Nazis nie erlaubt zu singen.*

Ende Juli sprach Jakob Kaiser, Berlin, auf einer CDU-Kundgebung in der Turnhalle in Pirmasens, wo auch Finck anwesend war und am Ende der Kundgebung die dritte Strophe anstimmte. Über eine Veranstaltung im pfälzischen Rodalben am 1. August berichtet der langjährige Vorsitzende der Jungen Union, Urban Ziegler:

An diesem Tag sollten Finck als Vertreter der CDU und ich für die Junge Union auf einer Wahlveranstaltung sprechen. Auf der Fahrt dorthin zog Finck ein Wanderliederbuch hervor und erklärt mir die dritte Strophe. Er sagte, er hätte schon zu den einzelnen Besatzungsmächten Fühler ausgestreckt. Besonders die französische Regierung hätte Vorbehalte gegen das Lied.

Er nutzte aber auch die guten Kontakte zu dem einflussreichen französischen Politiker und späteren Bürgermeister von Straßburg, Pierre Pflimlin, um zu erfahren, ob die französische Regierung gegen das Absingen des Liedes Einwände erheben würde. Urban Ziegler:

Als wir den Versammlungsraum betraten, waren schon unsere „Schutzengel", zwei Beamte der Sûreté anwesend... Die Versammlung sang stehend mit. Finck und ich warteten in dieser Nacht bis morgens vier Uhr, dann waren wir ziemlich sicher, die französische Regierung würde gegen dieses Lied keinen Einspruch einlegen. Damit war für Finck das Startsignal gegeben, überall dort, wo er sprach, noch eindringlicher für die dritte Strophe zu werben.

Seine Gedanken legte er in einem lesenswerten Beitrag in der *Rheinpfalz* am 9. August dar, gerade rechtzeitig, denn für den 11. August 1949 war die Wahlkampfreise des Präsidenten des Parlamentarischen Rates, Dr. Konrad Adenauer, in der Pfalz angekündigt. In Neustadt und in Landau sprach Adenauer vor Tausenden. Jeweils am Ende der Kundgebungen mit Adenauer wurde die dritte Strophe gesungen. Urban Ziegler:

Es war schon ein erhebendes Gefühl, als Dr. Albert Finck das Lied einstimmte und die Massen es aufnahmen... Für die Einführung der dritten Strophe des Deutschlandliedes als Nationalhymne bedeutete die Kundgebung in Landau den Durchbruch.

Eine interfraktionelle Abgeordnetengruppe des Bundestages nahm im September 1949 den Artikel Fincks zum Anlass die Frage der Nationalhymne im parlamentarischen Raum zu diskutieren. Zunächst aber ohne Erfolg.- Konrad Adenauer, inzwischen Bundeskanzler, stimmte am 18. April 1950 auf einer denkwürdigen CDU-Kundgebung im Titania-Palast in Berlin die dritte Strophe an, was damals als schöner Handstreich kommentiert wurde. Doch sollten noch einmal zwei Jahre vergehen, bis in einem Briefwechsel im Frühjahr 1952 zwischen Bundespräsident Heuß und Bundeskanzler Adenauer festgelegt wurde, bei staatlichen Anlässen die dritte Strophe zu singen.

Damit wurde wenige Jahre nach dem Endes Nationalen Sozialismus die Idee Albert Fincks Verfassungswirklichkeit: *Wir gründen unser neues Deutschland auf Einigkeit und Recht und Freiheit. Wie wäre es, wenn wir diese Strophe als deutsches Bundeslied benutzen würden.*

Geschichte einmal anders.
Pater Marcel Baroffio (1900-?)

Nicht die Feindschaft zwischen Juden und Samaritern soll unser Vorbild sein, sondern Freundschaft im christlichen Glauben, denn das, was überlebt und das, was ihn immer wieder mit der Gemeinde verbindet, ist der christliche Glaube,

sprach Pater Marcel Baroffio am 5. März 1972 bei einem katholischen Gottesdienst, den er bei seinem Besuch in dem pfälzischen Dorf Ruchheim gehalten hat. Der Pater war nach 1952 und 1969 zum dritten Mal in der Gemeinde, die ihn in guter Erinnerung behält. Den Pater verband mit den Ruchheimern eine dreijährige Leidenszeit, aber auch frohe Tage mit der Bevölkerung. In den Jahren 1942 bis 1945 lebte er hier als französischer Kriegsgefangener und betreute als Sanitäter französische, russische und polnische Kriegsgefangene. Daneben arbeitete er bei den Familien Walter und Hefele. Schon vor dem Zweiten Weltkrieg gehörte er einem katholischen Orden an. In seine Heimat zurückgekehrt, studierte er Theologie, wurde zum Priester geweiht und kam dann in die Klosterabtei Clervaux, Luxemburg. Wie in diesen Tagen mitgeteilt, war er ursprünglich Mönch der Abtei Sainte-Anne von Kergonan in Bretagne.

Während seiner Gefangenschaft in Ruchheim kümmerte er sich um Frauen, Kinder und Männer, die bei alliierten Bombenabwürfen verletzt wurden. Er beerdigte auch einmal vier abgeschossene englische Flugzeugpiloten. Wenn die Zeit auch schwer war, *so habe ich doch Ruchheim in guter Erinnerung,* meinte er bei seinem letzten Aufenthalt. Seine Gedanken führten ihn oft in den großen Saal der Gastwirtschaft *Zum Schwanen* zurück, in dem die Kriegsgefangenen untergebracht waren. Durch den guten Kontakt mit der Bevölkerung konnte der *Sani,* wie er genannt wurde, den Gefangenen Wurst, Brot und Eier zukommen lassen, da das Wachpersonal meist nicht sehr aufmerksam gewesen ist.

Ein Rot-Brauner.
Franz Bögler (1902-1976)

Er hätte eine eigene Biografie verdient, so abenteuer-
lich und verwegen ist sein privates und politisches Leben verlaufen. Er war ein enger Vertrauter der Vorsitzenden der SPD, Kurt Schumacher und Erich Ollenhau-
er. Als Mitglied des Bundesvorstandes der Sozialdemokratie der Bundesrepublik Deutschland verfügte er über
maßgebenden Einfluss bezüglich der außen- und
deutschlandpolitischen Vorstellungen seiner Partei. Die
Wochenzeitung *Die Zeit* schrieb am 24. Mai 1963:
*Sechzehn Jahre lang war Bögler das Rückgrat der pfäl-
zischen Sozialdemokratie. Sein Ansehen, seine Macht-
stellung waren so groß, dass er jeder Kritik entrückt
schien. Er konnte es sich ungestraft leisten, Parteimitglieder zu verdonnern, die nicht nach seiner Pfeife tanzten. Er durfte vor versammelter SPD-Mannschaft einen
Journalisten ohrfeigen, weil ihn dessen Feder gekitzelt
hatte. Er überstand unbeschadet Vorwürfe wegen seines
finanziell motivierten Machtstrebens im Aufsichtsrat der
Pfalzwerke AG, dessen Vorstandsvorsitzer er zu werden
wünschte, und auch handfeste Anschuldigungen wegen
Privatgebrauchs werkseigener Dienstwagen vermochten
ihn nicht zu Fall zu bringen.*

Sein Machtstreben hinderte ihn nicht, sozialdemokratische Grundsätze aufzugeben. Am 8. Dezember 1960
sollte der neue Vorsitzende des Bezirkstag der Pfalz gewählt werden. Doch der SPD fehlten zwei Stimmen um

Franz Bögler zu küren. Mit Hilfe zweier gewählter Mitglieder der Deutschen Reichspartei wurde Bögler doch noch gegen die Stimmen von CDU und FDP gewählt. Bögler hatte sich der Unterstützung zweier DRP-Mitglieder versichert. Einer davon war der Ingenieur August Zinßmeister. Dieser wurde 1949 in Frankreich als SS-Hauptscharführer zum Tode verurteilt, später begnadigt, 1955 entlassen und übernahm nach seiner Rückkehr in der Pfalz die Führung der Deutschen Reichspartei. Sinnigerweise hatte die Bundes-SPD Böglers Bündnis mit zwei Abgeordneten der rechtsextremen Deutschen Reichspartei durchgelassen, auch wenn der junge pfälzische CDU-Abgeordnete Helmut Kohl immer wieder die Sozialdemokraten wegen ihres *Hakenkreuzbündnisses* ärgerte. Bögler fühlte sich zu Höherem berufen, weshalb er im Wahlkampf 1962 Franz-Josef Strauss manches Material über die Fibag-Affäre in die Hände spielte. Letztlich sollte ihn eine Intrige zum Rücktritt von seinen pfälzischen Ämtern zwingen. Ein Bezirkssekretär bezichtigte Bögler, eine minderjährige Angestellte in seinem Jagdhaus im Pfälzerwald mehrfach sexuell belästigt zu haben. Doch weder dieses vermeintliche Sexualdelikt, noch das „Hakenkreisbündnis" veranlassten den Bundesvorstand der SPD zum Handeln. Zum Konflikt mit „seiner" SPD kam es erst, als er versuchte eine „Unabhängige Sozialdemokratische Partei (USPD)" zu gründen. Obwohl eine Beteiligung Böglers nicht nachgewiesen werden konnte« entschied sich die SPD am 10. März 1962 einstimmig für den endgültigen Ausschluss Böglers aus der SPD. Seine mutmaßliche Betei-

171

ligung an einer Parteigründung gab dabei nur den letzten Anstoß. Der eigentliche Grund für den Parteiausschluss lässt sich aus dem Protokoll der Bezirksvorstandssitzung vom 10. März 1962 entnehmen: *Bögler habe die pfälzische Parteiorganisation um sich als zentralen Punkt herum gebaut. Bei ihm habe immer die Meinung im Vordergrund gestanden, 'Die Partei bin ich'.... Dadurch sei seine Tätigkeit in eine Art Tyrannis ausgeartet.* Die *Zeit* kommentierte: *Sein unersättlicher Hunger nach persönlicher Macht ist ihm zum Verhängnis geworden.*

Ein politischer Fantast.
Adolf Gehrein (1904-?)

Ein Jahr vor der von Hugo Müller im Raum Kusel gegründeten *Sozialistischen Rheinunion* wurde in Grünstadt die *Wirtschaftsinteressengemeinschaft Saar-Pfalz-Rhein ins Leben gerufen.*

Das Bemühen der französischen Surété-Offiziere, die unter der Leitung von Capitalis Bourcard von der Berkelmühle aus ihre politischen Aktivitäten entfaltet hatten, mit der pfälzischen Industrie in Kontakt zu kommen, hatte zur Folge, dass im Herbst 1946 der Oberregierungsrat beim Oberregierungspräsidium Hessen-Pfalz, Dr. Sumerer, versuchte, in der Vorderpfalz eine *Wirtschaftsinteressengemeinschaft Saar-Pfalz-Rhein* ins Leben zu rufen.

Mit Datum vom 24. Oktober 1946 hatte sie die Lizenz bei der französischen Militärregierung in Baden-Baden beantragt. Als Vorsitzender wurde der im Jahre 1904 geborene Gastwirt Adolf Gehrein aus Ludwigshafen ausersehen. Er richtete in Grünstadt, Weinstraße Nr. 71, ein Sekretariat der *Wirtschaftsinteressengemeinschaft* ein. Über Gehrein selbst konnten kaum Information ermittelt werden. Wie der Karte des Einwohnermeldeamtes zu entnehmen ist, zog die Familie Gehrein am 23. 7. 1947 von Grünstadt aus auf das Hofgut Windenheim bei Bad Kreuznach. Dort verliert sich ihre Spur.

Der von Demontagen bedrohten pfälzischen Industrie versuchte die *Wirtschaftsinteressengemeinschaft* das Geschäft mit Frankreich schmackhaft zu machen. Sie wollte einen Großexport und Großimport zwischen Frankreich und der französischen Besatzungszone aufnehmen. Die pfälzische Wirtschaft sollte sich nach Westen orientieren.

Zwar konnte die Organisation aufgrund der guten Beziehungen zur französischen Militärregierung einigen Industriebetrieben bevorzugt Bezugsscheine für Werkstoffe und Materialien zukommen lassen, auch war sie in der Lage, die damals so begehrten Eilgutladescheine zu verteilen. Eine entscheidende Einflussnahme auf den Aufbau der pfälzischen Wirtschaft hingegen blieb ihr aufgrund des Widerstandes der pfälzischen Industrie versagt.

Den im Besatzungsarchiv im elsässischen Colmar liegenden Materialien ist zu entnehmen, dass das Programm der *Wirtschaftsinteressengemeinschaft* darauf ausgerichtet war, einen totalen wirtschaftlichen Anschluss an Frankreich anzustreben. Grundlage dieses Anschlusses sollte die Einführung des Franc als Zahlungsmittel für den neuen Rheinstaat sein. Die Einführung der französischen Steuergesetzgebung in diesem Staat, der sich von der Saargrenze bis über Koblenz hinaus erstrecken sollte, wurde gefordert.

Das Sofortprogramm zum Wiederaufbau sah u.a. vor, das in den zerstörten Städten verschüttete Rohmaterial zu bergen und zur Verschmelzung den Hüttenwerken im Saargebiet zuzuführen. Selbstverständlich müsse der neue Staat einen gewissen Prozentsatz wichtiger Industrien verlieren. Beim Wohnungsbau sollte auf die Baumethode der Vorväter zurückgegriffen werden. Diese sah vor, in Großserienproduktion Bausteine aus mit Stroh und Schilf vermengtem gestampftem Lehm herzustellen.

Unter Punkt *Wirtschaft und Kultur* forderte die *Wirtschaftsinteressengemeinschaft* die Einführung der französischen Sprache als Pflichtfach in den Schulen. Die Lehrer sollten ausnahmslos rheinische Kultur und Geschichte lehren. Im Sinne eines gesunden Aufbaus der Presse gelte es, alles überflüssige und der Vergangenheit angehörende Belastungsmaterial in den Hintergrund zu stellen. Ein besonderes Augenmerk richtete die Organisation auf den Ausbau des Fremdenverkehrswesens. Der Rheinstaat weise nämlich

eine mannigfaltige und abwechslungsreiche Szenerie mit den schönsten Tälern und Wäldern auf, die unter geschickter Verbindung mit den vorhandenen Autobahnen sich ohne Überheblichkeit mit begehrten Gegenden in der Schweiz vergleichen lasse.

Die Intensivierung des Fremdenverkehrs erscheine angebracht, weil der Rheinstaat als Kollektivschuldner des deutschen Reiches betrachtet werde und die ausländischen Besucher sich über den wahren Kern der Bewohner des linken Rheinufers informieren müssten. Diese auf dem Gebiet der Wirtschaft und Kultur zu unternehmenden Anstrengungen könnten nur mit Frankreich erfolgreich durchgeführt werden. Um der Gefahr einer totalen Verelendung zu entgehen, sei es notwendig, so rasch wie möglich an die Verwirklichung des totalen wirtschaftlichen Anschlusses des Rheinstaates an Frankreich zu denken.

Bei einer Betrachtung des Verhältnisses der Wirtschaftsinteressengemeinschaft zu den Parteien wird ein weiteres Motiv für die Hinwendung zu Frankreich deutlich: die Ablehnung eines zentralistischen Reiches preußischer Prägung. Diese Forderung, die ja für alle separatistischen Vereinigungen konstitutiv ist, war für Gehreins Organisation Anlass, der unter der Führung von Dr. Schumacher sich im Reich formierenden Sozialdemokratie eine Absage zu erteilen. Schließlich sei z.B. Schumacher auch ein Preuße. Es werde deshalb auch keinen Rheinländer geben, der so naiv sei anzunehmen, dass dieser Sozialdemokrat für uns Rheinländer und Grenzbewohner überhaupt etwas übrig habe. Der SPD der Pfalz und Rheinhessen wurde empfohlen, sich von der Reichssozialdemokratie zu trennen und ein eigenes Parteileben zu führen. Sie seien ja sonst doch nur Befehlsempfänger eines Dr. Schumacher. Die Kommunistische Partei sei für die *Wirtschaftsintessengemeinschaft* so unbedeutend, dass sich jeder weitere Kommentar erübrige. Die einzige Partei von Bedeutung sei die Christlich Demokratische Union der Pfalz. Sie sei, was die föderalistische Struktur des Rheinstaates angehe, tolerant und vernünftig genug, sich mit den gegebenen Tatsachen abzufinden. Damit spekulierte die *Wirtschaftsinteressengemeinschaft* auf Strömungen innerhalb der Union, einen selbständigen Rheinlandstaat zu bilden. Der allzu offenen Absicht von Gehrein, die CDU der Pfalz für ihre Ziele zu gewinnen, erteilte die Partei in einem öffentlichen Aufruf in der *Rheinpfalz* vom 23.11.1946 eine klare und deutliche Absage.

Die Durchsetzung der separatistischen Ziele wäre nur mit erheblicher Unterstützung der französischen Besatzungsmacht, d.h. mit Waffengewalt, möglich gewesen. Davor schreckten die Neoseparatisten, vor allem aber die Franzosen zurück. Nur zu gut waren ihnen offenbar noch die gewalttätigen Auseinandersetzungen in den zwanziger Jahren bekannt. Der pfälzische Separatismus scheiterte jedoch auch noch aus einem anderen Grund. Bei den Verfechtern einer Trennung von Deutschland handelte es sich auch um solche Leute, die glaubten, sich und die engere Heimat durch Anbiedern an die Besatzungsmacht den Folgen der Niederlage entziehen zu können. Dieser Separatismus hatte mehr Beziehungen zu aktuellen politischen Problemen, wie Unzufriedenheit mit der Ernährungslage, Verzweiflung über die Zukunft, als zu ethnischen, sprachlichen oder gefühlsmäßigen Besonderheiten. Er wurde aus der Niederlage geboren und stützte sich auf keine wirtschaftliche, soziale oder politische Wirklichkeit. Sobald sich die allgemeinen politischen, vor allem aber die wirtschaftlichen Verhältnisse in der Pfalz stabilisiert hatten, war dem pfälzischen Separatismus, damit aber auch Adolf Gehreins Wirtschaftsinteressengemeinschaft, der Boden entzogen.

Ein vergessener Historiker.
Wilhelm Wühr (1905-1950)

Wie alle bisherigen Tagungen hat auch die kommende das große Ziel, die tragenden Grundgedanken des Wührschen Werks weiterzuführen: durchgreifende Geschichtsrevision vom Boden der christlichen Weltanschauung aus, unter tunlichster Annäherung der beiden christlichen Konfessionen durch sachliche Zusammenarbeit katholischer und evangelischer Historiker in erneuter Überprüfung der entscheidenden Blickpunkte und Wendemarken der abendländischen Geschichte.

Dieser Satz steht in einem Antrag, den der Historiker Albert Schwarz im Jahr 1950 an die bayerische Staatsregierung verfasst hat, damit die finanzielle Grundlage des Bemühens des *Arbeitskreises christlicher Historiker* gesichert bleibe. Dieser Kreis von jungen Historikern, die sich nach der von den Nationalen Sozialisten und Protestanten zu verantwortenden Deutschen Katastrophe der Jahre 1933 bis 1945 zusammengefunden hatten, wurde von dem Freisinger Historiker Wilhelm Wühr im Frühjahr 1947 gegründet.

Der 1905 geborene Wühr hatte sich sehr stark im *Bund Neudeutschland* engagiert und musste aufgrund seines christlichen Bekenntnisses 1935 auf seine Habilitation an der Universität Würzburg verzichten. Er verbrachte die Zeit der sozialistischen deutschen Diktatur im Schuldienst, war nach dem Krieg im Wirtschaftsamt von Freising tätig und wurde schließlich an die Philoso-

179

phisch-Theologische Hochschule in Freising berufen. Durch seine wissenschaftliche Beschäftigung mit Fragen des Mittelalters, auch mit der geistesgeschichtlichen Entwicklung vom *Romreich ohne Ende* bis zum christlichen Abendland fühlte er sich herausgefordert, in der Zeit der Orientierungslosigkeit Wegweiser zu sein.

In der Stunde des Abendlandes, denn der Nationale Sozialismus sei durch die Abkehr vom Christentum entstanden, sollte der Neuaufbau des deutschen Staates an Maximen der christlichen Weltanschauung festgemacht werden.

Bereits zu Ostern 1947 konnte Wühr in Niederaltaich, dann im August des selben Jahres auf Schloss Fürstenried und im folgenden Jahr in Speyer und 1949 in Limburg zahlreiche renommierte Historiker begrüßen: die Liste der Namen liest sich heute wie das *Who is Who* deutscher Historiker: Max Spindler, Wolfgang Zorn, Theodor Schiffer, Heinrich Büttner, Albert Mirgeler, Emil Franzel, Georg Stadtmüller, Heinz Gollwitzer, Theo Pirker, Hans-Georg Fernis und Karl Holzamer. Letzterer, Professor für Philosophie, wurde später als der 1. Intendant des ZDF bekannt. Damals war dieser sehr engagiert im katholischen Milieu zuhause und sprach wiederholt bei katholischen regionalen Kirchentagen.

Den meisten Teilnehmern war die Überzeugung gemeinsam, dass das protestantische Preußen die deutsche Geschichte in den Abgrund geführt hat, dass die verhängnisvolle Verbindung von Thron und Altar, die der Katholizismus spätestens seit der Reformation aufgegeben hat, vom Protestantismus aber so unheilvoll nationalstaatlich vergöttert wurde. Damit war diese neue Religion in ihrer Wirkung auf die Welt für viele nur die Wiederkehr des ewig Gestrigen. Besonders Emil Franzel konnte nicht verwinden, dass man trotz dieser verhängnisvollen Entwicklung auch in diesem Kreis ab und an Versuche verspüren konnte, die Ausstrahlungen des protestantischen Preußens in die deutsche Entwicklung zu verteidigen.

Nach dem jahrelangen Verbot vermittelten die kritischen Diskussionen eine Atmosphäre des Aufbruchs. In seiner Arbeit *Deutsche Geschichtswissenschaft nach 1945* schreibt Winfried Schulze, dass Wührs distanzierte Haltung gegenüber den alten Männern und Institutionen der Anlass für seinen Schritt gewesen sei. Er sah auch die Christen durch die *tausend Jahre des Nationalen Sozialismus* verändert und wollte diesem Tatbestand gerecht werden. Jetzt nach der Katastrophe sah Wühr die Gelegenheit, das bisher Trennende der Konfessionen zu überwinden und wenigstens in dem Bereich der Wissenschaft nicht katholische und protestantische Positionen zu verteidigen, sondern auf dem Fundament christlicher Überzeugungen die Zukunft zu gestalten. Aus diesem Grund versuchte er, sich auch von der 1949 gegründeten Arbeitsgemeinschaft christlicher Historiker in Nordrhein-Westfalen abzugrenzen, die nach seiner Meinung zu sehr vom Kölner Prälaten und späteren Weihbischof Cleven geprägt war.

Die Tagungen des Wührschen Arbeitskreises fanden auch nach seinem frühen Tod im Juni 1950 weiterhin im gesamten süd- und südwestdeutschen Raum statt: Im pfälzischen Bad Dürkheim, in Ingolstadt, in Bonn, in Ilbenstadt, in Maulbronn und in Kaufbeuren. Die Themen waren aktuell und von der großen Sorge geprägt, wie denn die deutsche Politik gestaltet werden könnte aufgrund der Lehren aus der Vergangenheit: *Moral und Politik in der Geschichte; Die Großen der Geschichte im historischen und moralischen Urteil oder Aufklärung und christliche Überlieferung.* Allerdings musste man feststellen, dass ohne die integrierende Kraft Wührs, ohne seine unermüdliche Einsatzbereitschaft der Arbeitskreis nicht allzu lebensfähig war, wie Franz Schnabel, der Autor der großartigen *Deutschen Geschichte des 19. Jahrhunderts* einmal formulierte. Nach Wührs Tod hatte er keine Zukunft mehr.

In zwei Bereichen aber lebte seine Arbeit fort.

- Das Speyerer Internationale Historikertreffen 1949 hatte Wühr beauftragt, Vorschläge für eine Schulbuchrevision zu erstellen. Somit war der Grundstein gelegt für die deutsch-französischen Schulbuchkonferenzen der kommenden Jahre, die schließlich in die Gründung des Georg-Eckert-Schulbuchinstituts in Braunschweig mündeten. Die Impulse, die diese Speyerer Tagung nach

Deutschland und auch nach Europa aussendete, ließen den Plan eines universalhistorischen Instituts reifen.

- Der *esprit de Spire* schuf die Grundlage nicht nur für ein zehnbändiges Geschichtswerk *Historia Mundi*, sondern brachte auch die belgische Zeitschrift *Nouvelle Clio* als Symbol einer geistigen und wissenschaftlichen Gemeinschaft in christlichem Geiste hervor.

Eine führende Rolle nach dem Tode Wührs spielt der Bonner Mediävist Fritz Kern, „spiritus motor" der Speyerer Tagung, der unermüdlich nicht nur für *Historia Mundi* warb, sondern auch sich für die Gründung eines Instituts für europäische Geschichte einsetzte, das *der übernationalen und überkonfessionellen Zusammenarbeit von Historikern im Sinne des werdenden Europas dienen* sollte.

Glücklich fügte es sich, dass bei dieser Tagung des Jahres 1949 der französische General Raymond Schmittlein teilnahm, der eine Chance sah, die Franzosen für die Ideen eines des abendländischen Werten verpflichteten Instituts zu gewinnen:

Es wird das erste Zentrum in Deutschland (!) sein, das jemals für das Studium der Universalgeschichte in Deutschland existiert hat, und sein Ziel soll es sein, mit wissenschaftlichen Mitteln dazu beizutragen, eine solide Brücke über den Abgrund der nationalen und nationalistischen Vorurteile zu bauen und eine echte europäische Gemeinschaft zu schaffen, die in vollem Sinne dieses Namens würdig ist.

1950 wurde an der Mainzer Universität dieses *Institut für Europäische Geschichte mit den Unterabteilungen Universalgeschichte und Abendländische Religionsgeschichte*, gegründet. In letzterem Institut konnte man auf einen ad-personam Lehrstuhl Josef Lortz unterbringen, den die Philosophische Fakultät der Mainzer Universität sonst abgelehnt hätte, und der in den 50er Jahren zu den führenden Religionswissenschaftlern der Bundesrepublik Deutschland zählte.

Das Selbstverständnis des Freisinger Historikers und Lehrplan-Spezialisten Wilhelm Wühr und des Bonner Mediävisten Fitz Kern mag auch an einer Kontroverse deutlich werden, die im Nachgang zum 1. Deutschen Historikertag, der im September 1949 in München stattfand, öffentlich wurde. Zu diesem Kongress hatte der renommierte Historiker Gerhard Ritter eingeladen. Kern und Wühr sprachen aber nur vom *Ritter-Club* und bemängelten sein *unglaublich tiefes wissenschaftliches Niveau*. Eine Bewertung, die Wunden geschlagen hat, aber bis in unsere Zeit nachhallt, wenn man aufmerksam die Veröffentlichungen der Historiker Deutschlands nachliest.

Ein Mann der Sprache.
Dolf Sternberger (1907-1989)

Am Tag der Kapitulation der deutschen Wehrmacht, am 8. Mai 1945, fuhr ein amerikanischer Jeep nach Baden-Baden und hielt vor dem Haus, in dem der frühere Redakteur der Frankfurter Zeitung Dr. Dolf Sternberger - er hatte 1943 von den Nationalsozialisten Schreibverbot erhalten - zusammen mit seiner Frau wohnte. Dem Militärfahrzeug entstieg der Psychiater und Oberarzt in Heidelberg Dr. Alexander Mitscherlich, der nun endlich die Person gefunden hatte, die er seit einigen Tagen suchte: Dr. Dolf Sternberger. Diesem rief er zu: *Sternberger, wir sollen eine Regierung bilden!* Doch der antwortete: *Ich habe dazu keine Lust, ich will eine Zeitung machen!* Mitscherlich entgegnete: *Das hat noch eine gute Weile, es gibt jetzt Wichtigeres zu tun!*

Diese Episode wurde dreißig Jahre danach von vier Schülerinnen des Kurfürst-Friedrich-Gymnasiums in Heidelberg im Rahmen des Schülerwettbewerbs *Demokratischer Neubeginn 1945/46* nach Befragung der inzwischen bekannten Professoren Dr. Alexander Mitscherlich und Dr. Dolf Sternberger aufgeschrieben. Beide waren im Mai 1945 zusammen mit dem ehemaligen Oberbürgermeister von Mannheim, Dr. Hermann Heimerich, von der amerikanischen Militärregierung mit dem Auftrag nach Neustadt verpflichtet worden, die erste deutsche Regierung nach dem Ende des Zweiten Weltkrieges zu bilden. Mit dabei sollte u.a. unverständlicherweise auch der spätere Vorsitzende der Evangelischen Kirche Deutschlands, der sich in diesen Tagen gerade selbst zum Bischof ernannte, Otto Dibelius, einer der führenden Antisemiten und Bewunderer des Führers des Nationalen Sozialismus. Doch die Verbindungen der Protestantische Kirche, die jahrzehntelang auf eine Regierung gewartet hatte, die das angebliche Judenproblem in Deutschland löste, zu amerikanischen Stellen gestalten sich schon Ende des Krieges sehr gut – siehe auch das von der CIA mitformulierte angebliche Schuldgeständnis der EKD von 1948.

Bereits am 18. Mai 1945 wurde von amerikanischen Offizieren die Frage der Herausgabe einer Zeitung im besetzten Gebiet des linken Rheinufers zwischen Saar, Rhein und Mosel diskutiert. *Ich hatte ein Amt, aber keinen Titel; ich war für die Presse zuständig,* erinnerte sich Dolf Sternberger. Offiziell leitete er das Presse- und Informationsamt der bis zum 5. Juli 1945 amtierenden *Regierung Heimerich* im Gebiet von Mittelrhein-Saar.

Am 15.6.1945 formulierte er Grundsätze für den Neuaufbau der Presse in einem freiheitlichen und demokratisch verfassten Deutschland, die eine der ersten Äußerungen für die neu zu schaffende Presselandschaft in einer freiheitlich zu organisierenden Demokratie für Deutschland darstellen. In diesem umfangreichen Gutachten über die Herausgabe einer deutschen Zeitung zählte er vier Gründe auf, die es geboten erscheinen ließen, die Bevölkerung regelmäßig mit einer Zeitung zu versorgen.

Einmal sei es notwendig, dass die Bevölkerung die Anordnungen und Kundgebungen der Alliierten Militärregierung und ebenso die Bekanntmachungen der deutschen Zivilregierung in allen ihren Stufen von der Provinz bis hinab in die einzelnen Gemeinden zu Hause lesen, bedenken und sich zu eigen machen könnte. Weiter sei es erforderlich, dem deutschen Volk politische Nachrichten in einer klaren und redlichen Weise mitzuteilen. *Die Deutschen seien nämlich lange genug mit Lügen und unsolidem Schwulst überschüttet worden.* 3. Da es zudem noch keine Bücher, Schulen und Theater gäbe, sei es sowohl für die Deutschen als auch für die Besatzungsmacht dringlich und eilig, dass mit einer Zeitung ein Mittel der Erziehung geschaffen werde.

Als vierten Grund zur Herausgabe einer Zeitung nannte Sternberger die Verbreitung von exakten Informationen über Zustände und Vorgänge in und außerhalb der eigenen Provinz. Dies sei lebenswichtig, damit *allgemeine Einsicht in die konkrete Situation nach der Niederlage sich verbreite*. Gemäß diesen vier Punkten sollte die künftige Zeitung folgende ständige Rubriken enthalten:

Bekanntmachungen der Militärregierung und der deutschen Verwaltung. 2. Nachrichten. 3. Bildende Beiträge. Darunter verstand Sternberger a) Leitartikel zu politischen Tagesfragen und b) dokumentarische Darstellungen. Diese hätten Themen wie *Die Judenverfolgung im*

Dritten Reich oder *die Ermordung Schleichers (30. Juni 1934)* als Beispiel der Methode Hitlers zu behandeln.

Der vierte Bereich sollte unter der Überschrift *Vergesst nicht* Zitate aus Hitlers Reden anführen.

Im Feuilletonteil wollte Sternberger Auszüge aus den Werken großer deutscher Dichter vorstellen und Erinnerungen und Tagebücher aus der Zeit des Nationalen Sozialismus veröffentlichen. Die letzte Seite sollte Themen und Reportagen aus aller Welt vorbehalten sein. Reine Werbeanzeigen seien wohl für die nächste Zeit ausgeschlossen, doch *seien Familienanzeigen aus menschlichen Gründen wegen der ungeheuren Zerstreuung der Familien und des Mangels an Kommunikationsmitteln dringend zu wünschen, evtl. auch Anzeigen zur Suche nach vermissten, verschollenen, geflüchteten oder verschickten Familienangehörigen.* Ferner wären Angebote und Gesuche zum Tausch von Gebrauchsgegenständen lebenswichtig.

Die Ausarbeitung Sternbergers umfasst 15 Schreibmaschinenseiten. Sie stellt eines der besten Dokumente dar, die am Beginn des neuen demokratischen Presseaufbaus bekannt sind. Seine Überlegungen können Allgemeingültigkeit beanspruchen, nicht nur als Handlungsanleitung für die damalige Zeit. Es sollen deshalb einige größere Abschnitte zitiert werden:

Echte öffentliche Meinung lebt von der Idee der Wahrheit. unsere Landsleute brauchen Wahrheit wie das tägliche Brot. Der öffentlichen Meinung klare Wege zu öffnen, sie allmählich zu pflegen und zu bilden ... ist das vitale Gebot der Stunde ... Eine innere Orientierung, Mut, Zuversicht, illusionslose Erkenntnis der Lage, eine klare Vorstellung von den Möglichkeiten der näheren und ferneren Zukunft - das alles vermag in glaubwürdiger und wirksamer Weise nur die eigene deutsche Stimme zu vermitteln: eine deutsche Stimme ist dringend vonnöten

... Es geht darum, ebenso sorgfältig wie entschieden den Anfang damit zu machen, dass die Deutschen gewissenhaft und selbständig denkende, ihres Rechts wie ihrer Pflicht bewusste Personen werden, die nicht Schlagworte nachplappern, sondern eine eigene Sprache reden, die nicht in Opportunismus dahin kriechen...sondern sich frei, würdig, und mit wechselseitiger Achtung betragen. Diese Bildung gelte nicht allein der Jugend, sondern in gleichem Maße den Erwachsenen.

Die politischen Nachrichten sollen gut redigiert werden. *Hierbei wird auf die scharfe Trennung zwischen Tatsache und Erläuterung zu achten sein. Dieses Prinzip stehe im diametralen Gegensatz zu der Propaganda-Praxis der nationalsozialistischen Pressepolitik, welche mit voller Absicht Tatsachen, meist schon in verstümmeltem oder entstelltem Zustande, mit tendenziöser, nach den jeweiligen Tageszwecken der Führung wechselnder Kommentierung vermengte.* Unter den Themen der Essays werden die philosophisch - moralischen Grundlagen keine geringe Rolle spielen dürfen. Die Vergangenheit soll erforscht und ins Gedächtnis gerufen werden, nicht um ihrer selbst willen, sondern um der Zukunft willen. Deswegen sollen auch stets die positiven Ideen ausgesprochen werden: Die Ideen des Rechts, der Gesetzlichkeit, welche auch die Inhaber der Macht bindet, der Gleichheit aller Menschen vor Gott, des Gewissens gegenüber dem bloßen Willen zur Macht, der Wahrhaftigkeit gegenüber der bloßen Propaganda. Die christliche Überlieferung wird in all dem erneuert werden.

Weiter führte er aus: Die Zeitung soll zwar ein weltliches Organ bleiben, aber sie wird der Religion und der Kirche, die in Leiden erprobt wurde, ihre geistliche Macht einräumen, ja bei mancher Gelegenheit ausdrücklich darauf hinweisen. *Die Zehn Gebote gehören nicht allein dem kirchlichen Unterricht, sondern bilden ein Grundgesetz jedes menschlichen Gemeinwesens.* Das ist in Deutschland nahezu vergessen und soll ins Gedächtnis gerufen werden. *Sitte und guter Ton sind unter den Deutschen dieser Epoche ebenso wichtig wie materielle Hilfe, wie Wohnungsbau.* Unter den Essays werden auch die sprachkritischen und sprachbildenden Abhandlungen und Glossen ihren Platz finden. Gott hat den Menschen Sprache gegeben, nicht bloß Ellbogen

… Es besteht die Verpflichtung, die deutsche Sprache, die unter der Tyrannei der Nazischlagworte und der sumpfigen Syntax Hitlers verrottet ist, in ihrer Kraft, Genauigkeit und Gelenkigkeit neu herzustellen.

Die Ideen Sternbergers fanden bei der amerikanischen Militärregierung Zustimmung, entsprachen sie doch den Überlegungen der Besatzungsmacht, die für eine *Umerziehung* des deutschen Volkes besonders wichtig waren. Zur Verbreitung der Zeitung meinte Sternberger, dass im gesamten Bereich des Besatzungsgebietes eine Ausgabe genüge. Sie solle entsprechend ihrer Aufgabe *Die Stimme* genannt werden. Als Sitz der Redaktion war Neustadt geplant, doch sollten lokale Beilagen in Ludwigshafen, Saarbrücken. Kaiserslautern, Alzey, Mainz, Worms, Bad Kreuznach und Neustadt selbst hergestellt werden. Aus psychologischen Gründen, und nicht nur der Kalkulation wegen, sollte die Zeitung verkauft werden: *Ein guter Leser ist nur, wer auch ein Käufer ist. Ein Preis von 10 Pfennigen je Exemplar wird als Richtmaß gelten dürfen.*

Um das Zeitungswesen wieder zu beleben, genügte es jedoch nicht, nur Entwürfe über den Inhalt vorzulegen, es waren die materiellen Voraussetzungen zu planen. In Zusammenarbeit mit der Militärregierung legte Sternberger einen Vier-Punkte-Plan vor, der die beträchtlichen Schwierigkeiten beim Aufbau deutlich erkennen lässt. Die NS-Druckereien wurden beschlagnahmt. Zwei bis drei Fachleute, die nachweisbar Gegner des Nationalsozialismus waren, sollten als beratende Treuhänder zur Überwachung des Druckbetriebes eingesetzt werden. Ihnen oblag auch die Überprüfung des nötigen Personals auf seine fachlichen Fähigkeiten. Die monatlichen Herstellungskosten sollten sich auf 30 000 Mark belaufen.

Sternberger bemühte sich, die noch intakt gebliebenen Druckmaschinen in den nationalsozialistischen Druckereien in Ludwigshafen und Kaiserslautern nach Neustadt zu schaffen, um dort die bereits betriebsbereiten Rotationsmaschinen des früheren *Westmark-Verlages* und der *Pfälzischen Verlagsanstalt* zu verstärken. Damit stand einer Aufnahme des Druckbetriebes und der Herausgabe einer Zeitung im Sommer 1945 nichts mehr im Wege. Doch stellte der Wechsel der Besatzungsmacht – die Franzosen lösten Anfang Juli die Amerikaner ab - alles in Frage.

Die bisherige von Dr. Heimerich geführte Provinzialregierung trat zurück, denn sie war nicht geneigt, auch unter der Kontrolle der französischen Militärregierung zu arbeiten. Sternberger übergab das Presse- und Informationsamt seinem Mitarbeiter Dr. Otto Eichenlaub, der im Oktober 1945 Oberregierungspräsident Pfalz-Rheinhessen wurde. Dr. Dolf Sternberger verwirklichte sich dann aber doch noch den Traum seiner Zeitung: Er wurde Jahre später Herausgeber der *Frankfurter Allgemeinen Zeitung*. Seine Grundsätze fanden schließlich wenigstens in den ersten Jahren Eingang in die Gestaltung der Ende September 1945 in Ludwigshafen gegründeten *Rheinpfalz* und heute monopolartig die Meinungslandschaft der Pfalz beherrscht, was für Sternberger von Übel wäre.

Nicht nur ein Psychologe.
Alexander Mitscherlich (1908-1982)

Zum Leiter des Gesundheitsamtes wird Dr. Alexander Mitscherlich als jüngstes Mitglied der deutschen Provinzialregierung ernannt.

Diese Mitteilung verbreitete das *Alliierte Nachrichtenblatt der Alliierten 6. Heeresgruppe für die Deutsche Zivilbevölkerung* am 26. Mai 1945 auf der Titelseite. Diese Tätigkeit des im öffentlichen Leben der Bundesrepublik Deutschland bedeutenden Arztes und Psychologen Dr. Alexander Mitscherlich ist kaum bekannt. Er selbst berichtet in seinen Erinnerungen *Ein Leben für die Psychoanalyse* nur kurz über seine *Regierungstätigkeit*.

Lassen wir noch eine andere Zeitung berichten. *Das Nachrichtenblatt der 12. Heeresgruppe* meldete am gleichen Tag, dass die erste provisorische Regierung eines größeren Verwaltungsgebietes Deutschlands unter amerikanischer Besatzungshoheit am Freitag, dem 18. Mai 1945, eingesetzt wurde:

Das Gebiet umfasst die Provinz Saar, Pfalz und Hessen südlich des Mains... Dr. Hermann Heimerich wurde zum Oberpräsidenten des Verwaltungsgebietes ernannt. Dem ehemaligen Oberbürgermeister von Mannheim wurden fünf Präsidialdirektoren zur Seite gestellt.

Neben dem späteren Professor Dr. Dolf Sternberger aus Heidelberg auch Dr. Alexander Mitscherlich, Vorsitzender der öffentlichen Gesundheits- und Personalabteilung. Die Zeitung beschreibt ihn:

Neurologe an der Heidelberger Universität. Vor 1932 war er Mitglied der Sozialistischen Studentenschaft und der Roten Hilfe. Von 1937 bis 1938 war er wegen seiner aktiven Betätigung gegen die Nazis in Haft. Er war auch in die Ereignisse des 20. Juli 1944 verstrickt.

Mit diesen und ähnlichen Meldungen sogar in der *New York Times* am 19. Mai 1945 und in der Zeitung der US-Armee *Stars and Stripes* am 20. Mai 1945 wurde über ein Ereignis informiert, das bisher in der historischen Forschung der Nachkriegsgeschichte kaum Beachtung gefunden hat. In Neustadt wurde nämlich nach dem Willen der Amerikaner eine erste deutsche Regierung eingesetzt, die durchaus keinen regionalen Charakter haben, sondern als Reichsregierung arbeiten sollte. So ist auch das Verständnis der Regierungsmitglieder zu verstehen, wenn man an die überlieferten Quellen recht strenge Maßstäbe anlegen will.

Unmittelbar nach dem Ende der Zeit des Nationalen Sozialismus ging in der Pfalz eine deutsche Regierung an die Arbeit, die Trümmer des Krieges und der Naziherrschaft zu beseitigen. Die Pläne für eine solche überregionale, von Deutschen verantwortlich geleitete staatliche Organisation waren von den Amerikanern bereits im Herbst 1944 in Nancy, Frankreich, geschmiedet worden. Der mit der 70. amerikanischen Division im März 1945 in die Pfalz einmarschierende Capitain Harold W. Landin hatte den Auftrag erhalten, fähige deutsche Verwaltungsbeamte zu suchen, um eine Zivilverwaltung für die *Westmark* zu errichten. Landin konnte schon frühzeitig Kontakt mit Professor Karl Jaspers, Heidelberg, aufnehmen, der ihm eine Anzahl von Personen nannte, die für eine solche Tätigkeit in Frage kämen. Als Treffpunkt beider diente das Historische Seminar der Universität Heidelberg.

Der umfassende, geheime Bericht des Nachrichtendienstes der 15. US-Army vom 19. Juni 1945 notiert, *dass unter 200 Personen sieben ausgewählt wurden, die mit dem Aufbau der Verwaltung beginnen sollten.* Wie aus einer Aktennotiz erkenntlich ist, war bereits am 9. Mai 1945, also unmittelbar nach der Kapitulation der deutschen Wehrmacht, Dr. Alexander Mitscherlich zusammen mit seinen Kollegen in Neustadt an der Haardt und nahm dort Verhandlungen über die Errichtung einer Regierung auf. Seine direkten Ansprechpartner bei der amerikanischen Militärregierung unter General Gaffey, dem ersten amerikanischen Militärgouverneur im besetzen Deutschland mit Sitz in Idar-Oberstein, waren die für den Bereich Public Health zuständigen Offiziere Captain Humphrey und Captain Hatch. Sie hatten ihr Quartier in der Maximilianstraße in Neustadt aufgeschlagen.

Bereits in der Nachmittagssitzung vom 14. Mai 1945 gab Mitscherlich zu bedenken, *ob man nicht im Hinblick auf die Armut an Menschen ... Parteigenossen, die nicht aktiv tätig waren und mehr oder weniger nur dem*

Druck gehorchend der Partei beigetreten sind, bei ganz besonderer Befähigung heranziehen könnte.

Mitscherlich hatte damit vor allem anderen das brennende Problem der damaligen Zeit erkannt: Woher sollte man die Personen nehmen, um eine effektive Aufbauarbeit zu leisten? Viele waren vor den alliierten Truppen geflohen, andere in Kriegsgefangenschaft, viele belastet, andere wiederum mussten sich nach Jahren der Sozialistenherrschaft und des furchtbaren Krieges erst einmal besinnen und zu sich selbst finden.

Während die ersten Aufbauarbeiten anliefen, erfolgte auf Anordnung von Colonel Newman am 17. Mai 1945 die offizielle Ernennung Mitscherlichs zum Mitglied der Zivilregierung für *Saar, Pfalz, Rheinhessen.* Bei seiner Amtseinführung einen Tag später ging Mitscherlich auf die zu bewältigenden Probleme ein und führte seinen wenige Tage vorher geäußerten Gedanken weiter aus:

Es gibt alte Parteigenossen, die weniger schuld sind, und Leute, die erst jetzt in die Partei eingetreten sind, aber vorher große Geschäftemacher des Nationalsozialismus waren. Die Amerikaner können die einzelnen Persönlichkeiten nicht voneinander unterscheiden. Es wäre unrichtig, dass Nationalsozialisten arbeitslos auf der Straße herumlaufen und wir alle Arbeit allein zu verrichten hätten ... Sie müssen ihre Fähigkeiten zeigen, ob sie die Berechtigung haben, nach dieser Katastrophe, in die sie uns geführt haben, weiterhin mit uns zusammenzuarbeiten. Einen Monat später, am 15. Juni

1945, konnte Mitscherlich eine erste Bilanz seiner bisher geleisteten Arbeit vorlegen. Besonders lag ihm neben der Personalsuche die unzureichende Ernährung der Bevölkerung am Herzen:

Gegenwärtig entspricht der Ernährungssatz pro Kopf der Bevölkerung dem Verbrauch eines Menschen, der untätig im Bette liegt. Die Menschen haben aber im Augenblick schwerste Aufbauarbeiten zu leisten. Daraus ergibt sich, dass - gerechnet nach den Rationssätzen der Lebensmittelkarten - der Bevölkerung etwa zwei Drittel der notwendigen Nahrungsmengen fehlen. Wenn auch gewisse Quantitäten durch Gartenerzeugnisse, eigene Hühner- und Viehhaltung ausgeglichen werden können, so bleibt doch eine schwerste Lücke ... Ich darf hier als Referent des Gesundheitswesens hinzufügen, dass die sechs Kriegsjahre mit ihrer ansteigenden körperlichen Belastung, mit ihrer noch weit darüber hinausgehenden seelischen Belastung die körperliche und psychische Stabilität der Bevölkerung schwerstens erschüttert haben ... Ich fasse zum Schluss meine Meinung in einem dringenden Appell an die amerikanische Militärregierung zusammen: Sie würden uns die Arbeit unendlich erleichtern, wenn sie uns in dieser Provinz, die sich ernährungsmäßig nicht selbst versorgen kann, einmalig für mehrere Monate einen Zuschuss an Fetten und Fleisch gewähren würden.

Mitten in dieser Aufbauphase wurde bekannt, dass die Amerikaner und die Franzosen sich über eine Besatzungszone für die *Grande Nation* geeignet hatten und deshalb die US-Army das linke Rheinufer räumen und die Franzosen dieses Gebiet übernehmen würden. Wie alle seine anderen Kollegen war Mitscherlich nicht bereit, mit den Franzosen zusammenzuarbeiten. Die Erinnerung an die Ereignisse während der französischen Besatzungszeit 1918-1930, die besonders für die Frauen und Mädchen eine - bisher immer noch unerforschte - Schreckenszeit gewesen ist, war noch zu frisch, um guten Gewissens und guten Glaubens sich in den Dienst der neuen Besatzungsmacht zu stellen. Dr. Heimerich, Dr. Sternberger, der Gewerkschaftler Emil Henk und viele andere schieden mit Mitscherlich aus der Regierung aus und zogen sich Anfang Juli nach Heidelberg zurück. Zu seinem Nachfolger ernannten die Franzosen unter Oberst Magniez, der die Pfalz schon aus der Separatistenzeit der zwanziger Jahre kannte, Dr. Albert von Brochowski, der wenig später von dem den Wünschen der französischen Besatzungsmacht eher erfüllenden Dr. Mayer abgelöst wurde.

Mitscherlich konnte im Alter von 36 Jahren eine Erfahrung machen, die vermutlich sein Leben geprägt hat. Spontan half er beim Aufbau eines neuen Deutschland mit. Doch hatte er eigene Vorstellungen von Freiheit, die er seiner Meinung nach unter der Aufsicht der Franzosen nicht hätte verwirklichen können.

Ein verantwortungsbewusster Bürger.
Werner Rudolf Wünschel (1916-1997)

Der Lehrer war immer zur Stelle, so war in einer Zeitung über einen Schulmann zu lesen, der 1981 nach einigen Jahrzehnten Tätigkeit im Schuldienst als Lehrer zuletzt als Regierungsdirektor in einem pfälzischen Dorf Menschen und Ideen prägte. Wie bei so vielen anderen Schicksalsgenossen war ihm eine fröhliche Jugend und ein Berufsfindung nach seinem Wunsch nicht vergönnt. Die von der protestantische Kirche in der Pfalz besonders sehr geschätzten Nationalen Sozialisten machten ihm das Leben als Gymnasiast sehr schwer. Seit seiner Jugend war Werner Wünschel ein begeisterter Musiker und ein Idealist, der sich mehr um das Wohl der anderen als um sein eigenes kümmerte, was sich in seiner Arbeit bei der katholischen Jugend, im *Neuen Deutschland*, während des Dritten Reiches schon zeigte Als Vorsitzendes des Bundes *Neu Deutschland* in Kaiserslautern wurde er immer wieder von den Dienststellen der Nationalen Sozialisten zum Verhör geladen, waren doch sein katholisches Elternhaus und seine Verwandten den Protestanten bei den Nationalen Sozialisten ein besonders verachtungswürdiger Zeitgenosse. Die Jugendlichen des Bundes waren gut organisiert und verteidigten Kirche und Glauben gegen die *Hitler*. Schon 1932 wurde vor der katholischen Kirche in Kaiserslautern Wache bezogen, denn die *Hitler* versuchten, die Kirchenwände mit weißer Farbe zu bestreichen. Was jetzt kam, war in einigen Augenblicken geschehen.

Ein Hitler-SA-Mann sprang auf den Bürgersteig...Hinter ihm unsere Leute und hieben auf ihn ein. Ich hatte in die Hand gespuckt und mitgeholfen So ging es von Platz 2 bis Platz 1. da war er umzingelt und gefangen, aber die Stöcke ruhten noch nicht, nichts als drauf auf den Hund....Wir hatten einen Eimer voll Farbe mit welcher unser Schrank gestrichen wird...... Die Hitler hatten genug vom Samstag... Am 10. April rauscht es wieder... schrieb er in einem längeren Bericht über die Abwehrmaßnahmen der katholischen Jugend in Kaiserslautern.

Später wurde er zum Arbeitsdienst und dann zur Wehrmacht befohlen, wo er den Frankreichfeldzug und dann beim Unternehmen *Barbarossa* gegen die Sowjetunion marschieren musste.

Seinen Wunsch, nach dem Abitur im Jahr 1936 am altsprachlichen Gymnasium seiner Heimatstadt, zu studieren und dann eine Anstellung beim Diplomatischen Dienst zu erlangen, wurde durch die politischen Entscheidungen des Nationalen Sozialismus vereitelt. Gleich nach seiner Ableistung des Arbeits- und Wehrdienstes brach der Zweite Weltkrieg aus, der ihn zunächst als Ortskommandant in Lauterburg, dem Städtchen an der deutsch-französischen Grenze der Südpfalz sah. Ab 11. Mai wurde er zur kämpfenden Truppe eingezogen, die Frankreich erobern sollte. Als Leutnant geriet er in Gefangenschaft, aus der er nach der Niederlage Frankreichs über Bordeaux wieder in seine Heimat, nun in die Kaserne seines 110er Regiments nach Heidelberg zurückkehren konnte. Seine Bitten, jetzt ein Studium aufnehmen zu dürfen, wurden ihm wiederholt abgeschlagen. Von Herbst 1940 bis Juni 1941 wurde er in Ludwigshafen-Oppau bei einer Familie einquartiert. Eine der drei Töchter des kaufmännischen Angestellten gefiel ihm besonders gut. Sie heiratete ihn im April 1943. Seinem Schwiegervater war ein besonderes Schicksal vergönnt. Als gläubiger Katholik weigerte er sich, den Anweisungen von sozialistischen Parteiangehörigen in der großen Chemiefabrik zu folgen, worauf er entlassen wurde. Nach dem Ende der Tyrannis hätte er seine Arbeitsstelle wieder erhalten können, doch nun weigerte er sich mitzuhelfen, die Trümmer wegzuräumen: *Das sollen die Leute machen, die uns das eingebrockt haben.* Beide Male wurde er für sein unsolidarisches Verhalten, das bei Sozialisten fast einer Todsünde gleichkommt, bestraft. Nach dem Ende der Diktatur in Deutschland war er arbeitslos, da er nicht einsehen wollte, dass er die Trümmer, den die protestantischen Nationalen Sozialisten hinterlassen hatten, wegräumen sollte. Man kann sich vorstellen, dass die Rente dieser Familie im beginnenden *Wirtschaftswunderland* recht mager ausgefallen war.

Nach seiner Heirat im April 1943 musste der Offizier sofort wieder zu seiner Einheit an die Ostfront, wo es ihn im Sommer desselben Jahres *erwischte*. Eine Panzergranate trennte ihm den linken Arm ab Ellenbogen ab. Selten sprach er über den Krieg und wenn, dann über seinen ersten Gedanken bei seiner Verwundung war: *Jetzt kann ich nicht mehr Klavier spielen.* Nach einem monatelangen Lazarettaufenthalt in Lietzmannstadt (Polen) wurde er an die Offiziersschule nach Wiener Neustadt abkommandiert. Dort lebte er zusammen mit seiner Frau und seinem kleinen Sohn bis Frühjahr 1945. Er wurde von amerikanischen Soldaten gefangen genommen, doch Anfang Juni 1945 entlassen. Ende Mai gelangten der ehemalige Bataillonskommandeur, seine Frau und sein kleiner Sohn Axel über Bregenz nach Hause in Oppau. Seine beiden Brüder wurden im Juli 1944 ermordet.

Als ehemaliger Abiturient bot sich ihm im Herbst die Chance, als Lehrer an der Pädagogischen Akademie im pfälzischen Kirchheimbolanden ausgebildet zu werden.

Eine nicht ganz zerstörte Dienstwohnung im bei Ludwigshafen gelegenen Dorf Ruchheim gab der jungen Familie Heim. Nicht unproblematisch verlief für den jungen Lehrer das Verhältnis zum Oberlehrer der kleinen Volksschule, denn dieser war der maßgebende Nationale Sozialist im Dorf gewesen. In den Jahren 1952 bis 1956 baute er eine vorbildliche Jugendarbeit auf, an der sämtliche katholische Jugendlichen von 10-20 Jahren wöchentlich an 4-5 Tagen teilnahmen. Ausgehend von den Erfahrungen seiner Jugendzeit beim Bund Neu-Deutschland, in der er Radtouren durch ganz Deutschland durchgeführt hatte, unternahm er mit den Jungen und Mädchen Wanderungen, Fahrten und mehrtägige Zeltlager.

Nebenbei übernahm er in den Jahren 1949 bis 1952 und von 1957 bis 1960 sowie im Jahr 1961 die Leitung des Cäcilienvereins und Chorarbeit in Fußgönheim; seiner Tätigkeit als Lehrer übernahm er den ganzen Organistendienst in der Filialkirche und die Leitung des Kirchenchors. Zusammen mit Mitgliedern des Cäcilienvereins und begleitet von Musikern des Pfalzorchesters studierte er im Winter 1948/49 die Operette „Die Winzerliesel" ein.

CÄCILIEN-VEREIN, RUCHHEIM

Am SAMSTAG, den 5. März 1949
um 20.00, im Saale von Kurt Gerhardt

„WINZERLIESEL"

Operette in 3 Aufzügen

(Text und Musik von GEORG MIELKE)

PERSONEN:

Gräfin Irene von Steinen	A. Dick
Graf Walter, ihr Sohn	W. Riester
Henriette von Raden, ihre Nichte . .	R. Eitelwein
Vater Werner, Weinbergpächter . . .	E. Adam
Liesel, s. Enkelin, genannt „Winzerliesel"	E. Menck
Nepomuk Liebespinsel, Barbier . . .	O. Reuther
Euphrosine Blütenschnee, Kammerzofe	M. Gunkel
Erich Felden, Sekr. des Grafen, Intrigant	K. Menck
Winzermax	L. Gunkel

Winzer, Winzerinnen. Gäste des Grafen

Musikalische Leitung: W. Wünschel — Gesamtleitung: O. Menck

Nummerierte Sitzplätze — Saaleröffnung 19.30 Uhr
Kinder unter 14 Jahre haben keinen Zutritt

Diesem für die Ruchheimer noch heute im Gedächtnis geblieben Ereignis folgte im Jahre 1950 die Aufführung des „Halleluja" von Händel. Gesänge und Messen, die für Festtage einstudiert wurden, verlangten das einfühlsame Vermögen, aber auch die starke Führungshand des Dirigenten. Unter seiner Leitung wurden auch Weihnachts- und Adventsfeiern vorbereitet sowie Krippenspiele einstudiert, schrieb die Regionalzeitung.

Er spielte von 1947 bis bis in die neunziger Jahre die Orgel in der katholischen Kirche St. Cyriakus in Ruchheim. Der katholische Pfarrer von Fußgönheim, der die Filialkirche Ruchheim mitbetreute, kam plötzlich im September 1959 auf die Idee, dem Lehrer, Chorleiter und Organisten mitzuteilen, dass er *aufgrund seines einen Armes* schlecht Orgel spielte und auch den Kirchenchor nicht mehr leiten könnte.

Außerdem sei er unmusikalisch, er würde ein Auto fahren und seine Frau trüge einen Pelzmantel.

Zwei hohe Herrn des Bistums Speyer suchten einige Tages später die Lehrerfamilie auf, mit dem Ergebnis, dass am 9. November die Kirchenbesucher einen Mitteilung des Bischöflichen Ordinariats Speyer an der Kirchentür lesen konnten, dass diese Beleidigungen durch den Pfarrer zurückgewiesen worden sein und der Lehrer weiterhin die Leitung übernehmen werde.

Selbst als Schulrat und als Regierungsdirektor bei der Bezirksregierung in Neustadt saß er jahraus, jahrein, sonntags und werktags in der Ruchheimer Kirche auf der Orgelbank; ob bei Taufe oder Beerdigung: immer war der„ *Lehrer* zur Stelle.

Neben der Tätigkeit im Dienst der Kirche, u. a. auch mehrmals als Mitglied des Kirchenrates, war er von 1952 bis 1974 Mitglied des Ruchheimer Gemeinderates und von 1969-1974 Mitglied im Kreistag Ludwigshafen. Dass er von sozialistischer, protestantischer Seite angefeindet wurde, versteht sich, denn er war mit seiner katholischen Familie ein Störfaktor.

Er war Lehrer, Fortbildungsleiter, Schulrat und schließlich Leiter der Volksschulabteilung bei der Bezirksregierung Rheinhessen-Pfalz. Dort war er maßgeblich an der Integration der Kinder fremder Muttersprache beteiligt. 1976 erhielt er für sein bürgerschaftliches Engagement das Bundesverdienstkreuz am Band, 1981 den Orden *Cavaliere* der Italienischen Republik, Auszeichnungen von griechischen und türkischen Behörden folgten.

Sozialdemokratin. Hitlerverehrung. Vorbestraft.
Großes Bundesverdienstkreuz.
Luise Herklotz (1918-2009)

Am 20. August 1918 wurde die Sozialistin Luise Herklotz in Speyer geboren, wo sie nach langer schwerer
Krankheit am 25. Juli 2009 verstorben ist. Eine verläss-
liche, wissenschaftlichen Kriterien entsprechende Biographie steht noch aus. Aus verschiedenen Quellen ist
zu erfahren, dass sie als Tochter eines Rheinschiffers
und einer Stepperin, beschäftigt in einer Schuhfabrik,
aufgewachsen war. Nach der Mittleren Reife verfolgte
sie eine journalistische Ausbildung bei der *Speyerer
Zeitung*. Danach arbeitete Luisl, wie sie in ihrer Umgebung genannt wurde, bei der *Nationalsozialistischen
Zeitung* Ludwigshafen (16.4.1936-30.6.1939), anschließend als Sekretärin beim Reichsführer-SS im KZ-Dachau (3.7.1939-15..2. 1940). Schriftleiterin war sie bei
folgenden nationalsozialistischen Zeitungen: *Vereinigte
Heimatblätter* Neudorf (15.6.1940-31.10.1940) und der
Mühldorfer Zeitung. Sie schrieb u.a. begeisterte Artikel
zur aktuellen national-sozialistischen Politik: *Wir werden siegen* (7. Juni 1940) über den Frankreich-Feldzug,
(15. Juni 1940). Beim *Hoch lasst die Fahnen wehen
Schwarzwälder Boten* (1.2.1943-31.5.1944) meinte sie
als der Krieg sich seinem Ende näherte u.a. : *Aus den
Gräbern wächst uns Kraft* (11. März 1944). Bei der NS-
Zeitung *Volksgemeinschaft* Heidelberg schrieb sie vom
1. Juni 1944 bis zum 1. Dezember 1944 und schließlich
beim *Mannheimer Hakenkreuzbanner* (1.1.1945-

23.3.1945). Hier hoffte sie noch unter der Überschrift *Stunde der Besinnung und des Stolzes* auf den Endsieg der verbrecherischen Politik des Nationalen Sozialismus (26. Februar 1945). Herklotz sah dies aber dennoch anders:

Die Feierstunde hat uns viel geschenkt, den Glauben gestärkt und neu entfacht, so wie es sein muss, wollen wir tapferen Herzens dem Sieg entgegenreifen.

Unterhalb dieses Artikels der Sozialistin waren acht Todesanzeigen zu lesen: *Für Führer, Volk und Vaterland" gefallener Soldaten* und eine Anzeige *Dem Terrorangriffen fielen zum Opfer.*

Wie so viele protestantische Nationale Sozialisten tritt sie selbstverständlich nach dem Ende des Zweiten Weltkriegs in die SPD ein. Im November 1946 nimmt sie mit der pfälzischen Delegation am Nachkriegsparteitag der SPD im November 1945 in Hannover teil. Damals wird gemunkelt, sie sei die Geliebte des pfälzischen SPD-Parteivorsitzenden Bögler, der zu dieser Zeit aus der Emigration aus der Schweiz gekommen war. 1947 übernimmt sie die Redaktion der rheinland-pfälzischen SPD-Zeitung *Die Freiheit*. Dem SPD-Bezirksfrauenausschusses steht sie von 1947-1969 vor. Von 1949 bis 1957 war sie Abgeordnete des Rheinland-Pfälzischen Landtags, dann von 1956-1972 Bundestagsabgeordnete. In dieser Eigenschaft wird sie Mitglied der Beratenden Versammlung des Europarates in Straßburg. 1979-1984 erhält sie einen Sitz im ersten direkt gewählten Europa-

Parlament. Nach dem Ausscheiden wird ihr das Große Bundesverdienstkreuz verliehen.

2003 erhält sie das Ehrenbürgerrecht der Stadt Speyer. Nach den sehr braunen, gibt es auch sehr dunkle *demokratische* Flecken bei der Sozialistin.   Doch lassen wir den *Spiegel* vom 23. Juni 1980 berichten:

Luise Herklotz, 61, SPD-Abgeordnete im Europaparlament und langjähriges MdB, hat sich in einem Vorermittlungsverfahren der Frankenthaler Staatsanwaltschaft wegen des Vorwurfs der Veruntreuung öffentlicher Gelder zu verantworten. Wie ihr Parteigenosse, MdB Rudolf Kaffka (Pfarrer), soll die Parlamentarierin aus Speyer für obskure Praktiken eines Vereins für staatsbürgerliche Bildungsarbeit geradestehen, dem sie in den siebziger Jahren als Vorsitzende diente. Vorwurf: Mit frisierten Unterschriftenlisten seien Bonner Tagungs- und Übernachtungsgelder für sogenannte Geisterseminare des Vereins kassiert worden. Seminarteilnehmer, deren Namen die Justiz nach einer anonymen Anzeige im Archiv des Ministeriums für innerdeutsche Beziehungen in Bonn ausgegraben hat, existieren zum Teil nicht. Angebliche Referenten erfuhren erst von der Polizei von ihrem Einsatz in Frau Herklotz' Verein und von ihren - gefälschten - Unterschriften auf Honorarbelegen. Ein Pfälzer Kripo-Ermittler über das Vorermittlungs-Ergebnis: Haarsträubend - ich möchte nicht in der ihrer Haut stecken.

Die *Speyerer Tagespost* hatte schon am 7. Januar 1980 darüber geschrieben:

...In einem anonymen Brief (28. Juni 1979) heißt es u.a. Seminare hat dieser Verein fast nie veranstaltet. Dafür wurden aber bei Mitgliederversammlungen der SPD ... Unterschriftenlisten herumgereicht, die solche Seminare dokumentieren sollten.

Diese waren dann Beleg, um öffentliche Gelder von einem Bonner Ministerium kassieren zu können. Ein Einzelfall wäre der Vorgang in der rheinland-pfälzischen SPD nicht. So wurde der pfälzische Bundestagsabgeordnete Rudolf Kaffka 1980 zu zehn Monaten Freiheitsentzug mit Bewährung verurteilt ..., *weil sein Wahlkreis-Assistent H. W. mit Kaffkas Wissen Zuschüsse aus Bundesetats in Höhe von 116 284 Mark für Seminare* besorgt hatte, *die gar nicht stattgefunden haben.* Luise Herklotz entging offenbar nur deshalb der Strafverfolgung, weil das Straßburger Parlament ihre Immunität als Parlamentarierin nicht aufhob: Somit konnten ihre seit Jahren von Bonn finanziell geförderten *Geisterseminare* nicht genauer untersucht werden. *Der Spiegel*, 6. August 1984:

Steuerbetrug mit Parteispenden wurde vom Europa-Parlament zur politischen Straftat aufgewertet. ... zumindest ein Teil des zusammengetürkten Geldes soll dabei in die Schatullen von SPD und Arbeiterwohlfahrt geflossen sein. Das Parlament lehnte den Aufhebungs-Antrag der deutschen Justiz ab. Doch Luise Herklotz kandidierte dieses Jahr nicht für Europa - und prompt schlugen die Behörden zu. Vorletzte Woche leitete die Staatsanwaltschaft beim Landgericht in Frankenthal gegen die Pfälzerin das bis dahin unterdrückte Ermittlungsverfahren wegen des Verdachts des Betrugs und der Untreue ein.

Die Zeitung *Die Rheinpfalz* informierte am 5. Dezember 1989 unter der Überschrift *Strafbefehl für Luise Herklotz, dass die frühere SPD Abgeordnete 24.000.- DM zahlen musste, 120 Tagessätze zu je 200.- DM. Nachdem Frau Herklotz auf Widerspruch verzichtete, ist der Strafbefehl inzwischen rechtskräftig geworden... Frau Herklotz habe ein umfassendes schriftliches Geständnis abgelegt und die ihr vorgeworfenen Verfehlungen eingestanden".* Auf Nachfrage zu einer unglaublichen Zeitungsmeldung erhielt ich vom Bundespräsidialamt am 10.2.2020 diese Mitteilung: *Die von Ihnen angefragte Ehrung von Frau Luise Herklotz kann bestätigt werden. Unserer Datenbank zufolge wurde sie mit dem Großen Verdienstkreuz des Verdienstordens der Bundesrepublik Deutschland ausgezeichnet.*

Gibt es weitere ähnliche braune Schuld von bekannten Sozialisten, die kaum bekannt ist?

Ein dilettierender Politiker.
Karl Moersch (1926)

Sein an Weihnachten 1987 erschienenes Buch *Geschichte der Pfalz*, das als *höchst verdienstvolles Werk und die erste zusammenfassende Geschichte der Pfalz* angekündigt wurde, fand neben begeisterten Urteilen zum Teil heftige Kritik in der Öffentlichkeit. Als Wortführer der ablehnenden Kritik wandte ich mich an die Öffentlichkeit. Zusammen mit dem pfälzischen Historiker Eckhard Braun aus Hauenstein übermittelte ich auch der Zeitschrift *Wasgau-Blick* folgende detaillierte Stellungnahme.

Die Zeitschrift: *Da die Geschichte der Pfalz uns bedeutsam genug erscheint und das Thema uns alle gleichermaßen angeht, geben wir dem Beitrag gerne Raum und würden uns freuen, wenn mit der Kritik eine fruchtbringende Auseinandersetzung mit dem Werk einsetzen würde. Wir geben diesen Stimmen für oder wider gerne Raum:*

Historiker und Archivare schüttelten den Kopf, Unbedarfte applaudierten, Beteiligte freuten sich, dass sie einen Coup sondergleichen gelandet haben. Rechtzeitig zum Weihnachtsgeschäft 1987 wurde auf den Buchmarkt ein Titel geworfen, der wieder einmal nachgewiesen hat, dass gekauft wird, wofür geworben wurde. Verlag und Buchhändler sind zufrieden; das Geld klingelte in der Kasse. Schließlich wurde auch das verlegerische Risiko umgangen durch den garantierten Ankauf von 1

000 Exemplaren durch die Landesregierung von Rheinland-Pfalz. Allerdings - hatte man den Inhalt des Buches gekannt, als man die 40.000.- DM für den Ankauf bewilligte? Worüber wir sprechen? Über das Buch von Karl Moersch *Die Geschichte der Pfalz.*

Was in den letzten sechs Monaten in der Pfalz passiert ist, bestätigt wieder einmal das Vorurteil von der rückständigen Provinz. Wäre dies nicht so, könnte ein Verlag einen unbescholtenen Autor nicht so behandeln. Karl Moersch (FDP) hat es nicht verdient, dass seine Fähigkeiten als Hobbyhistoriker so professionell vermarktet werden, dass er selbst glauben könnte, er hätte ein Geschichtsbuch geschrieben. Jeder darf schließlich schreiben, was er will. Wenn aber das Geschriebene angepriesen wird als das lang ersehnte Geschichtsbuch, das Lücken füllen wird, das ein Volkswirtschaftler wärmstens für die Schulen empfiehlt, das in einer Feierstunde auf dem die Hambacher Schloss der Öffentlichkeit vorgestellt wird, das in einer beispiellosen Werbekampagne bekannt gemacht wird, dann darf es auch erlaubt sein, die neuen Kleider des Kaisers einmal, wenn auch recht kritisch und stellenweise etwas polemisch, unter die Lupe zu nehmen.

Nichts gegen den Fleiß, aber dann bitte keine Darstellung in der Art der Ortschroniken und Heimatkalender, die dann als Geschichtsschreibung ausgegeben wird. Nichts gegen die sonst verdienstvolle Arbeit eines Verlages, aber Kritik dann, wenn aufgrund des Zeitdrucks - des Profits - offenbar Korrekturen unterbleiben. Oder gibt es andere Gründe für die schlampige Art? Die Präsentation war professionell, schludrig redigiert dagegen der Text. Nichts gegen die löbliche Absicht eines Verlages, einer Zeitung und eines Verbandes, sich um die Geschichte der Pfalz zu kümmern. Aber muss es auf diese Weise sein? Hat die Pfalz, haben die Pfälzer dies verdient? Offenbar glaubt man aber, bei einem Buch, das für die Schulen *wärmstens empfohlen* wird, auf Richtigkeit und Genauigkeit, auf historische Wahrheit verzichten zu müssen. Die Lehrer, die damit *beglückt* werden, sollten per Rundschreiben des Kultusministeriums vor dem Gebrauch des Buches im Unterricht gewarnt werden, denn es enthält auf weite Strecken Fehler, Fehler, Fehler.

Bei der Präsentation des Buches wurde über die beschwerliche Archivarbeit berichtet. Der Fachmann weiß, dass Archivarbeit mitunter mühsam ist. Doch in welchem Archiv hat denn eigentlich der Autor gesessen? Hat er überhaupt an Originalquellen gearbeitet? Warum schließlich nur zum x-ten Mal der Aufguss von Altbekanntem, z.T. Falschem? Warum nicht die Benutzung der neuesten Literatur? Wenn schon im Literaturverzeichnis nicht alle Titel haben aufgenommen werden können, dann wäre doch eine Auswahl der grundlegenden Werke zur pfälzischen und deutschen Geschichte wichtiger gewesen, als fünf Titel zum sagenhaften und unbedeutenden König Dagobert!

Nichts gegen Asterix! Aber dass der Autor das Kapitel *Das keltische Erbe* mit der Comic-Figur einleitet, lässt schon vermuten, dass die *Geschichte der Pfalz* mehr ein Lese- als ein historisches Sachbuch ist. Aber hat ein Leser eines Lesebuchs nicht auch Anspruch auf Richtigkeit?

Einige willkürlich herausgegriffene Kritikpunkte:

... Dessen Aufgabe bei der Grenzsicherung war erledigt, als sich die römischen Herrschaftsgebiete über den Rhein hinweg bis an die obere und mittleren Donau ausdehnten und der große Grenzwall, der Limes, von nun an das neue Zehntland vor Einfällen der germanischen Nachbarn schützte ... Der Autor leitete den Ausdruck Zehntland vom Lateinischen *decumates agros* ab, wie Tacitus, Germania 26, berichtet. Dass *decumates* nichts mit dem lateinischen Zahlwort decem - zehn zu tun hat, ist bei den Althistorikern bekannt. Decumates hat auch nichts mit dem Steuerzehnt, also einer Steuerabgabe, zu tun. Eher könnte man an eine vorrömische Landschaftsbezeichnung denken, die nach der verwaltungsmäßigen Neuordnung im Gefolge der Gründung der Provinz Germania superior, zwischen 85 und 90 nach Christus außer Gebrauch kam. Warum wird in dem neuesten Buch zur Geschichte Pfalz der alte, uralte Irrtum der Übersetzung Decumates - Zehnt noch einmal verbreitet?

Im Jahr 213 nach Christus besiegte der römische Feldherr Caracalla zunächst noch die Alemannen ... Arg! Marcus Aurelius Antonius, genannt Caracalla, war zwar zu dieser Zeit Kaiser, hat sich aber als Feldherr nicht hervorgetan. Die für Caracalla typische, recht großmäulige Proklamation und das Feiern eines Triumphes sagt noch nichts über das Feldherrntalent aus! Weiter: *... sondern auch auf Theudeberts Versuch, durch das Prägen von Münzen (eigentlich ein Privileg des Kaisers) den wirtschaftlichen Austausch zu erleichtern ...*

Theudebert, merowingischer Teilkönig und Enkel, Chlodwigs, herrschte zwischen 522 und 547 oder 548 über Austrasien. Das weströmische Reich war formal im Jahr 476 erloschen, die imperiale Gewalt war schon spätestens seit der Ermordung des Magister Militum, Flavius Aetius im Jahr 455 im nördlichen Gallien und in den ehemaligen germanischen Provinzen nicht mehr spürbar. Nach welchem Kaiser hätte also ein fränkischer, Teilkönig fragen sollen, wenn er anfing, die Solidi durch Neuprägung zu vermehren? Etwa nach Kaiser Justinian in Konstantinopel? Ein Blick in eine Zeittafel, etwa bei Karl Christ, hätte die Verschwommenheit beseitigt!

Symbol seiner Herrschaft und Befehlsgewalt war der Speer, vielleicht eine Erinnerung an den Wotanspeer der germanischen Götterwelt ... Soweit der Autor zum Herrschaftssymbol der fränkischen Könige. Wotans Attribute sind der Schlapphut, der weite, wallende Mantel und das *Wilde Heer*, mit dem er durch die Lüfte tobte. Nur einmal wird im Sagenkomplex von Wotan und seinem nordgermanischen Pendant Odin ein Speer oder eine Lanze erwähnt, und zwar im Zusammenhang mit Odins Scheinselbstmord aus Eitelkeit. Warum dichtet der Autor Wotan einen Speer an und bringt diesen noch in, Verbindung mit einem fränkischen Herrschaftssymbol? Gibt es für die fränkischen Herrschaftssymbole keine "richtige" Erklärung? Angesichts der Tatsache, dass in der Spätantike germanische Heermeister und Könige damit begannen, sich mit den Formen und Symbolen des römischen Imperiums zu schmücken, könnte vielleicht folgende Erklärung gegeben werden:

Seit dem getauften Chlodwig ist es nur schwer vorstellbar, dass er einen heidnischen Gegenstand als Herrschaftssymbol auswählte. Sollte man in der fränkischen Königslanze nicht eher den „Vorgänger" der schließlich zu den Reichsinsignien gezählten Heiligen Lanze sehen? Diese *dominica hasta* trägt angeblich einen Nagel aus dem Kreuz Christi und befand sich einst im Besitz Konstantins des Großen, des ersten christlichen Kaisers. Sie ist die unbesiegbare Waffe gegen sichtbare und unsichtbare Feinde (arma invictisima adversus visibilis atque invisibilis). Sollte man den Kirchenleuten von damals nicht so viel Phantasie zutrauen, dass sie auf dieses Symbol des ersten christlichen Kaisers zurückgriffen und so ihrem christlichen Herrscher ein bekanntes, aber auch Sieg bringendes Herrschaftszeichen zubilligen? 996 und 1000 wurde dieses Zeichen für die Herrscher Polens und Ungarns kopiert, doch dies nur noch als Anmerkung zur Überlieferungsgeschichte. Siehe auch in der Literatur unter *Michael de Ferdinandy, Der heilige Kaiser. Otto III. und seine Ahnen.*

Ein weiterer Auszug: *Das Heerwesen reflektierte wohl am längsten die altgermanischen, auch die heidnischen Überlieferungen im fränkischen Herrschaftsvolk.* Welche Sprache! Warum reflektiert? Welche Unterschiede gibt es eigentlich zwischen altgermanisch und heidnisch? Warum wohl? Drückt sich hier nicht auch wieder Unsicherheit aus, die bei Nichtbeachtung der Literatur zwangsläufig ist? Allein in diesem kurzen Satz so viele Fehler und Ungenauigkeiten. Warum?

Schlimm ist es, wenn der Autor einen vollkommen falschen terminus technicus verwendet. Adolf von Nassau wird als *fahrender Landsknecht* beschrieben! Wir sind im 13. Jahrhundert. Der Graf von Nassau war ein Ritter! Und als solcher hätte er es sich aufs ernsteste verbeten, als Knecht bezeichnet zu werden. Landsknecht hat auch nichts mit Lanze zu tun. Das Wort leitet sich her von Land, Ebene und Knecht, Diener, das heißt Männer der Ebene im Gegensatz zum (schweizerischen) Mann der Berge. Landsknechte führten neben dem Langspieß auch Helmbarten, Bidenhänder, Armbrüste und Feuergewehre. Landsknechte waren von Kaiser Maximilian nach dem Vorbild der schweizerischen Infanterie am Ende des 15. Jahrhunderts aufgestellt worden. Sollte aber der Autor den Nassauer als fahrenden Ritter à la Amadis von Gallien oder Don Quichotte charakterisieren wollen, so wäre dies noch arger missglückt, denn ein kleiner Graf des 13. Jahrhunderts, der sich ab und an in den Dienst eines der größeren Herrn stellen musste, hat so gut wie keine Ähnlichkeit mit den in der Literatur zu Ruhm gekommenen fahrenden Rittern.

Die *Geschichte der Pfalz* soll nach Willen und Werbung des Verlages das Standardwerk über die Pfalz darstellen. Es soll deshalb auch weite Verbreitung an Schulen finden. Stellt man sich nun einen Lehrer vor, der vor seiner Klasse, die fünfhundertsechsundzwanzig Seiten in der Hand, über etwas durchaus nicht Weltbewegendes wie die auf den Seiten 240 und 241 erwähnten Schießscharten an den Wehrkirchen in Rheinzabern, Dörrenbach oder Mutterstadt doziert, so bleibt sogar bei solchen Nebensächlichkeiten, wenn sie schon erwähnt sein sollen, die Forderung nach Genauigkeit.

Da Feuerwaffen sogar schon im 15. Jahrhundert in ihren tragbaren Versionen beim Einsatz durch Schießscharten weniger Platz zum Zielen und Losbrennen benötigten als ein senkrecht zu haltender Bogen oder eine zu der Zeit wirkungsvoller schießende Armbrust mit waagrecht liegenden Spannarmen brauchten, so waren für Feuerwaffen nicht speziell geweitete Schießscharten notwendig, wie der Autor meint. Feuerrohre kamen im Gegenteil mit einer viel kleineren Wandöffnung aus. Deshalb hat man auch die großen Schießscharten im Laufe der Zeit bis auf das mehr oder weniger kreisförmige Loch für den Lauf verfüllt. Ein Blick in verfügbare Standardwerke von Militärhistorikern hätte Klarheit geschaffen.

Warum werden eigentlich Karl der Große und Otto der Große kaum erwähnt, dafür aber eine so sagenhafte Figur wie der König Dagobert seitenlang beschrieben? Da ist doch die im gleichen Verlag erschiene Sagensammlung zu loben, die ebenfalls die Sagen um diesen König abdruckt. Allerdings weiß dann der Leser, schon mit Blick auf den Buchtitel, auf was er sich einzulassen hat. Wo beginnt eigentlich bei der *Geschichte der Pfalz* die Dichtung, und wo endet die historische Wahrheit? Warum wird zum Beispiel beim Kapitel über den *Schwarzen Tod* nicht die ausgezeichnete Arbeit von Neidhart Bulst zugrunde gelegt? Dafür aber die alten Märchen der Entstehung der Pest wiederholt. Hat denn niemand Korrektur gelesen? Symptomatisch auch, dass lang und breit beschrieben wird, was in anderen Büchern kurz und richtig dargestellt wird. Dort aber, wo nur noch Primärquellen hätten Auskunft geben können, also wo Archivarbeit notwendig gewesen wäre, wurde dies nicht getan. Andererseits werden recht ominöse Primärquellen genannt: Ratsprotokolle pfälzischer Städte aus dem 17. Jahrhundert. Welche denn?

Im Herzogtum Sachsen registrierte man zwischen 110 und 1300, gar eine Verzehnfachung der Bevölkerungsdichte. Abgesehen vom falsch gesetzten Komma, ist dem Autor auch eine Verwechslung von Bevölkerungsdichte und Bevölkerungszahl unterlaufen; außerdem ist dies eine wissenschaftliche Sensation: Welche Quelle gibt es, die uns die Bevölkerungszahl Sachsens aus dem Jahr 110 schildert?

Warum stützt sich der Autor bei dem sehr dürftig geratenen Kapitel über den Anfang des 19. Jahrhundert auf *parteiliche* Literatur? In den letzten Jahren, gerade als Ergebnis des Hambach-Jubiläums 1982, sind hervorragende Analysen erschienen. Warum werden diese nicht zugrunde gelegt? Warum keine wissenschaftliche, dafür aber *parteipolitische* Literatur? So kommt es schließlich, dass plötzlich folgender Satz auftaucht: *Robert Blum hielt ihm die Leichenrede.* Wer war aber Robert Blum? Kein Wort vorher, kein Wort nachher. Wahrhaftig ein passendes Schulbuch für den Quizunterricht!

Bisher wurde in den Primärquellen der Frankfurter Wachensturm auf das Jahr 1833 datiert. Die wissenschaftliche Literatur hat sich auch bisher daran gehalten. Nun findet er im Jahr 1834 statt. Warum? Der Autor meint, auch die moderne Forderung nach Frauenemanzipation beschreiben zu müssen: *Zum ersten Mal in Deutschland verwirklichte man beim Hambacher Fest die Idee der Gleichberechtigung in einer politischen Diskussion.* Wieso dies? Hat nicht einer der Hauptredner des Festes, Wirth, geschrieben - Pirmärquelle:

Die Staatsgesetze, welche das Weib zur Regierung berufen, mögen im Interesse der regierenden Familien erdacht sein; dem Interesse der Völker, der Würde der Männer widerstreiten sie, und widerstreiten den Gesetzen der Natur, die das Weib dem Schutze des Mannes empfiehlt. Preis und Würde den Frauen; aber keine Vergötterung um sie und keine Herrschaft!

Wie anders sieht doch Geschichtsschreibung aus, wenn man die Quellen beachtet und nicht *parteiliche* Literatur. Merkwürdig auch, das mit keiner Zeile des Vorganges gedacht wird, der schließlich dem Buch auch den Titel gegeben hat: 1837 wird der *Bayerische Rheinkreis* in *Pfalz* umbenannt. Ein Ereignis, das bei der Konzeption des Buches ein guter Abschluss gewesen wäre, wenn schon die Darstellung des 19. und 20. Jahrhunderts zu mühsam gewesen wäre, um eine schnelle Mark zu verdienen.

Der Beispiele gibt's noch genug. Es ist nur schade, dass unsere Pfalz nun ebenfalls eingereiht wird in die Liste der Literatur, die offenbar um des Profits willen auf den Markt geworfen wird. Doch was soll's? Schließlich leben wir in einer freiheitlichen Demokratie, die jedem das Recht des Irrtums zubilligt, ohne dafür bestraft zu werden. Gut so! Nur, ist Irrtum der Maßstab für Wissenschaftlichkeit? Ist Irrtum bei Populär-wissenschaft erlaubt, wenn man schon nicht den Anspruch der Wissenschaftlichkeit erhebt und das Buch als Lesebuch bezeichnet? Stellen wir uns einmal vor, ein Pilzbestimmungsbuch wäre so abgefasst. Dort könnte man die Kranken und Toten sofort am Ergebnis messen. Den Schaden, den die *Geschichte der Pfalz* anrichtet, ist nicht so leicht messbar. Deshalb müsste aber umso sorgfältiger gearbeitet werden oder nicht? Ist aber *Irrtum* auch Grundlage für den Ankauf von 1.000 Exemplaren für die Schulen? Schließlich muss auch die Frage erlaubt sein, warum die Kulturlandschaft der Pfalz durch dieses Ereignis so negativ in die Schlagzeilen geraten muss? Diese Fragen stellen, heißt auch, die Gründe zu nennen, warum man ein solches Buch geschrieben und verlegt hat, warum man es so - wie geschehen – der Bevölkerung und den Schulen zum Schaden angedient hat. Eigentlich hat der Autor ein solches Verfahren nicht verdient.

Ein begnadeter Künstler.
Gernot Rumpf (1941)

Immer, wenn ich frühmorgens vom Mainzer Bahnhof ins Kultusministerium eile, freue ich mich über eine kleine Figur, die, am Brunnenrand sitzend, mal lustig, mal traurig, keck und scheu zugleich, mich erwartet. Ich spreche von dem kleinen Vogel, den der Bildhauer Gernot Rumpf sinnfällig in das Ensemble seines Glockenbaum-Brunnens vor dem Ministerium, in Erinnerung an den damaligen Hausherrn, Bernhard Vogel, hineingesetzt hat. Auf unsere Zeit bezogen mythologische, biologische und historische Themen gestaltet der 1941 in Kaiserslautern geborene Künstler so treffend, dass es eine Freude ist, seine Kunstwerke zu bewundern: ob es der Elwetritsche-Brunnen in Neustadt, der Geißbockbrunnen in Deidesheim, der Brunnen zur Geschichte Kaiserslautern - immer gelingt es Rumpf neben verspielten Figuren auch Hintergründiges auszudrücken. Exzellent auch sein Altar in Xanten, der sinnfällig die Bedeutung des Weines für die christliche Religion beschreibt.

Sein Bildhauerstudium absolvierte er an der Akademie für Bildende Künste in München. Seine Lehrer waren Josef Henselmann und Hans Lader. Seit 1965 häufen sich die Preise: Pfalzpreis, Rom-Preis, Kunstpreis des Landes Rheinland-Pfalz usw.

Seit Jahren schon erwartet mich Rumpfs Vogel, der noch immer ausharrt, obwohl sein Namensvetter längst entflogen ist. Ja, damals, das neue Haus, der neue Schwung, Hoffnung auf einen neuen Schritt ins Berufsleben.

Dienstanfang, 2. Mai 1975, ein Freitag, ein guter Tag für den Arbeitsanfang. Damals war dieser Vogel noch nicht da. Er kam erst im Januar 1976. Als es kalt und regnerisch war, baute Rumpf seinen Glockenbaum auf, setzte den kleinen Piepmatz zu seinen Füßen. Bald erhielt der Glockenbaum den Namen *Beamtenwecker*, eine mainzisch-schmunzelnde Anmerkung. Leise klingen die Glocken im Wind, scheppern im Novembersturm, Säuseln bei sanftem Lufthauch in glühend feuchter Hitze, die lastend im Sommer über Mainz liegt und abends die Fahrt aus der Landeshauptstadt heim in die Pfalz zur freudigen Erwartung werden lässt.

Mittag, 12 Uhr, Männer und Frauen hasten aus dem Hochhaus, am Brunnen vorbei, wollen Einkäufe erledigen, in der Mittagspause einen Bissen essen, kaum wird der Glockenbaum eines Blicks gewürdigt. Leise plätschert das sprühende Wasser aus dem Stamm, über den sich schwingend eine dreiarmige Lyra gegen den Himmel reckt. Immer im Wettstreit mit den elf Stockwerken des Hauses. Manche beschwerten sich, weil die Glocken zu laut sangen; einige Klöppel wurden festgestellt. Nun ist nur noch ein metallisches Klingen zu hören. Kunst in Beziehung zum Menschen muss wohl immer Betroffenheit auslösen, auch wenn die nur Ärgernis bedeutet und kein Verständnis für Formen und Inhalte zeigt. Manchmal schaut der kleine Vogel mich aufmunternd an, wenn ich eilenden Schrittes durch das nicht gerade schönste Mainzer Viertel zum Bahnhof gehe.

Der Glockenbaum in Aktion durch Wind und Wasser. Und der ruhende Pol - der Vogel: welche Gegensätze werden damit bestimmt! Leben, Hektik und Gelassenheit, Ruhe und Sturm, Hoffnung und Enttäuschung, die jeden begleiten. Und immer wieder das leise Klimpern der Glocken und der schelmische Blick des Vogels. Wenn man ihm nur seinen Missmut anvertrauen, des Tages Ärger bei ihm lassen könnte. Er würde verstehen, zu seinen Glocken empor blinzeln und sagen: Tschilp - ist doch alles nicht so wichtig; freu Dich an der glitzernden Sonne im Wasser, am Spiel der Glocken. Diese sind ein Symbol der Unvergänglichkeit. Gernot Rumpf sieht sie als Zeichen der Weltkulturen. Was bedeuten bei diesem Anblick Aktenzeichen, Telefongebimmel und Hektik des Büros? Vergänglichkeit hier, Überleben und Beständigkeit dort. Kunst ist immer mehr als schmückendes Beiwerk, mehr als beklatschenswertes Objekt einer Schickeria, die sich selbst *in* findet.

Der Glockenbaum verströmt Atmosphäre, hat Persönlichkeit, Charakter. Abends, sanfte Scheinwerfer hüllen meinen Glockenbaum in warmes Licht. Ruhe, Beschaulichkeit, sanftes Säuseln der Klöppel. Im Hintergrund das mächtige Hochhaus. Sein und Vergänglichkeit prallen aufeinander. Beglückend sind die Minuten auf der Bank, wenn ich das Wechselspiel von Farbe und Ton in der Dämmerung fühle.

Ein *Brulljesmacher.*
Donald Trump. (1946)

Bei Ihrem Besuch in Washington, DC, hatte Bundes-
kanzlerin Angela Merkel den Präsidenten der USA zu
einem Besuch nach Deutschland eingeladen, auch um
mit ihm zusammen das Haus seiner Großeltern im pfälzischen Kallstadt zu besuchen. Trump hat wie so viele
Original-Amerikaner deutsche, ja pfälzische Vorfahren. Der spätere *Ketchup-König* Heinz stammte ebenfalls aus Kallstadt; die Vorfahren von Elvis Presley aus
dem südpfälzischen Hochstadt; Präsident Hoovers Ahnen kamen aus dem Weindorf Ellerstadt nahe Kallstadt;
Santa Claus wurde von dem Auswanderer und Vater der
amerikanischen Karikatur Thomas Nast aus Landau erschaffen und der durch die Wälder streifende Leder-
strumpf sollte seine Wurzeln in Edenkoben bei Ham-
bach gehabt haben.

Kallstadt, das verträumte Dörfchen an der Pfälzischen
Weinstraße, sei *ein Nummer-Eins-Ziel bei einem Besuch
des amerikanischen Präsidenten Donald Trump in
Deutschland,* sagte der Generalkonsul der USA James
W. Hermann als er das Haus der Großeltern Trumps be-
sichtigte. *Wir können einen Besuch nur empfehlen,* erklärte der 57-Jährige begeistert. Die Vorbereitungen für
einen solchen Besuch übernehme das Generalkonsulat,
vorher aber werde der Botschafter der USA, Richard
Grenell, nach Kallstadt kommen. Sicher wird auch er
dann das pfälzische Leib- und Magengericht, die Spezi-

alität, die schon der Pfälzer Kanzler Helmut Kohl seinen Gästen hat servieren lassen, kosten: *Pfälzischer Saumagen*. Für Nichtgourmets und Nichtpfälzer: hat dieses mit Saumagen nichts zu zu tun! Schlicht gesprochen: Bratwurst mit Kartoffeln durcheinander, gekocht, dann gebraten., köstlich!

Auch wenn bisher Trump nie in Kallstadt gewesen war, erinnerte er sich doch ab und zu seiner Vorfahren, denn er spendete 2001 der protestantischen Kirchengemeinde 5.000.- USD zur Renovierung der Salvatorkirche, wie die Kallstadter wissen.

„ *... die misslichen Vermögensverhältnisse meiner Mutter und meiner in Kallstadt befindlichen Geschwister und die Hoffnung, mir rascher eine sichere Existenz zu gründen veranlassten mich, die alte Heimat zu verlassen...*

So begründete am 18. Januar 1905 der Großvater des amerikanischen Präsidenten seinen Entschluss, 20 Jahre zuvor in die USA ausgewandert zu sein. In New York fand der am 14. März 1869 in Kallstadt geborene Friedrich Trump eine Anstellung als Lehrling in einem Friseurgeschäft. Bei seiner 1883 ausgewanderten Schwester Katharina (1861-1949), die in New York mit dem ebenfalls aus Kallstadt eingereisten Friedrich Schuster verheiratet war, wohnte er bis Anfang der 90er Jahre. Dann fuhr er mit der neuen Eisenbahn von New York über Philadelphia, St. Paul nach Seattle, im Bundesstaat Washington, eine Stadt, die sich gerade mitten in einem enormen wirtschaftlichen Aufschwung befand. Die Aussicht, wie im südlich gelegenen Kalifornien Gold zu finden, lockte tausende Männer, zum Teil schon mit der damals modischen Jeans-Arbeitshose bekleidet, in die Gegend am Pazifik.

Die Gold- und Silberminen gehörten u.a. John D. Rockefeller, dem legendären späteren Multimillionär. In Seattle wurde Friedrich Trump 1892 amerikanischer Staatsbürger. Von nun an nannte er sich Frederick. In der Nähe der Stadt eröffnete er 1894 eine Kneipe - *Boomtownhotel,* dem ein gutgehendes Bordell angeschlossen war. Als gemachter Mann meldete er sich 1896 zur Hochzeit seiner Schwester Elisabeth, geb. 1874, bei seiner Familie in Kallstadt in der Nähe des pfälzischen Ortes Dürkheim zurück. Sicher gab es ein frohes Wiedersehen mit seiner 60-jährigen Mutter, die fast 20 Jahre lang Witwe war und sich allein um Haus und Hof kümmern musste. Sechs Kinder hatte sie ihrem Mann Johannes Trump II. geboren. Im selben Jahr noch fuhr Frederick Trump zur Pazifikküste zurück, engagierte sich in der Politik einer kleinen Stadt der Goldgräber und wurde zum Friedensrichter in Monte Christo gewählt. Bereits ein Jahr später folgte er dem elektrisierenden Ruf zum Clondike River, Alaska, da dort enorme Goldfunde gemacht worden waren. In der Stadt Bennett eröffnete er erneut ein Hotel mit Etablissement. Seine *private boxes for ladies* machten ihn berühmt. Anständige Frauen, so meldete die Zeitung *Yukon Sun,* sollten das Hotel meiden, denn sie könnten dort Worte von *Verdorbenen ihres Geschlechtes hören,* wie die Biographin der Familie Trump, Gwenda Blair auf S. 86 ihres Buches *The Trumps. Three Generations. That Built an Empire,* anschaulich schildert.

1901 kehrte Frederick zum zweiten Mal in seine Heimat zurück, sah die 20 jährige Elisabeth Christ, verlobte sich mit ihr und heiratet sie auf dem Standesamt in Ludwigshafen/Rh. Das Ehepaar ließ sich 1902 in Fredericks neuer Heimat, in New York, nieder, wo die Tochter Elisabeth am 30. April 1904 geboren wurde. Ende Juni trat die Familie die Reise in die damals bayerische Pfalz, da die junge Mutter Heimweh nach ihrem Dorf Kallstadt hatte. Das weitere Schicksal erinnert gerade heute an aktuelle Ereignisse, denn den Trumps, amerikanische Staatsbürger, wurde bald von der Obrigkeit mitgeteilt, dass sie *längstens zum 1. Mai 1905 das bayerische Staatsgebiet zu verlassen, anderenfalls „sie die Ausweisung zu gewärtigen* hätten. Im Juli fuhren sie mit dem Dampfer der HAPAG-Linie *Pennsylvania* von Hamburg aus nach New York.

In Zukunft verdiente Frederick Trump das Geld für den Unterhalt der Familie im Stadtteil Bronx mehr schlecht als recht als Friseur, später als Manager und Buchhalter eines Hotels. 1905 wurde der erste Sohn Frederick Christ geboren, dem im August 1907 Sohn John George folgte. Einige Jahre später wird Frederick Trump als Immobilien-Makler geführt. Noch vor dem Ende des 1. Weltkriegs starb er an der damals schnell sich ausbreitenden Spanischen Grippe. Sein Sohn Fred C. Trump stieg in das hinterlassene Immobiliengeschäft ein, das er zusammen mit seiner Mutter weiterführte. Rechtzeitig, so muss man sagen, denn ihr Vermögen machten sie während des von der Regierung Hoover aufgelegten Arbeitsbeschaffungsprogramms, das den Bau von riesigen Mietskasernen und Wohnvierteln vorsah. Die renommierte Firma *Elizabeth Trump & Son* zog sehr lukrative Aufträge an Land. Der Anfang des Millionenvermögens des späteren Donald Trump war gelegt.

Fred Trump heiratete 1936 die Schottin Mary Ann MacLoed (1912-2000). In dem Makler-Geschäft wuchsen fünf Kinder auf: Maryanne, Robert, Elizabeth, Fred jr. und der jetzige Präsident Donald John Trump, der am 14. Juni 1946 geboren wurde. Sein Vater starb 1999 und hinterließ seinen Kindern ein Vermögen von etwa 300 Millionen Dollar. Seine Großmutter Elisabeth aus Kallstadt erlebte noch den sagenhaften Aufstieg ihres Sohnes Fred im Immobiliengeschäft, das ihr Enkel Donald erfolgreich fortführen sollte. Sie starb 1966 im Alter von etwa 86 Jahren, kurz vor Donalds 20. Geburtstag. Sie hatte sicher kein einfaches Leben mit ihrem unternehmungslustigen, aber erfolgreichen Mann und ihren Söhnen.

Vielleicht erinnerte sie sich auch immer an die Charakterisierung der Pfälzer, die der Volkskundler der Pfalz, Wilhelm H. Riehl, 1857, über die Männer und Frauen auf dem linken Rheinufer traf:

Auf jedes Wort muss ein Gegenwort fallen und zwar Schlag auf Schlag. Besser, du sagst eine Dummheit als du sagst gar nichts. Sagst du die Dummheit nur recht nachdrücklich, so wiegt sie schon so schwer wie ein gescheites Wort.

Damit hat Riehl bekräftigt, was die Kallstadter Bewohner heute noch von sich geben: *Brulljes*. Das bedeutet im Dialekt der Pfalz: angeben, Sprüche klopfen, extrovertiert und feierfreudig. Deshalb tragen die Kallstadter Einwohner *Brulljesmacher* als Spitzname.

Die gebürtige Kallstadterin Simone Wendel hat vor Jahren einen Film über ihr Dorf und deren beiden berühmten Söhne, Trump und Heinz, gedreht: *Kings of Kallstadt.* Sie konnte für ihr Filmprojekt Donald Trump in New York befragen. Dabei äußerte er: *Ich bin stolz, dieses deutsche Blut zu haben. Keine Frage, Tolle Sache.* Bisher lehnte der Ortsgemeinderat, in dem CDU, SPD und Freie Wähler vertreten sind, das Ansinnen ab, Trump zum Ehrenbürger zu ernennen. Vielleicht ändert sich diese Haltung, wenn Trump das Dörfchen und das Haus seiner Großeltern besucht hat.

Ein Backwoodsman auf dem Weg
Zu Den Futtertrögen (1949)

Sunt qui, there are, das eine bedeutet in der lateinischen Sprache, was das andere in der englischen Sprache meint: Es gibt Leute, die ... auf pfälzisch: es gibt Solchene und Solchene. Nur in beiden Sprachen fehlt das Hauptwort »Leute«. Und von Leuten wollen wir heute sprechen. Aber nicht ganz so zensiert wie damals bei Alfred Kerr, der in seinen *Briefen aus der Reichshauptstadt* feststellte: *Die interessantesten Fälle darf man nicht erzählen, und die allerinteressantesten kann man nicht erzählen, (12.9.1897).*

Und so geschah es, dass sich ein Solchener eines Tages in Mainz vor einem großen Bürogebäude einfand und in dessen 10. Stock an eine Tür klopfte, die zwar immer aufstand, an die man aber anstandshalber immer klopfte, auch um die Peinlichkeit zu überbrücken, »hinter« der offenen Vorzimmertür jemanden beim Fingernägellackieren zu überraschen. Aber zum Glück gibt es ja immer hinter einer Vorzimmertür noch eine richtige Zimmertür. Und dahinter war der Raum, in dem unser junger Held in seiner unbekümmerten Art vorsprechen wollte. Er hatte nämlich gehört, dass ein Referent für die Presse gesucht wird. Das ist nun nicht ein geistlicher Beistand für Journalisten, obwohl dies mit der Zeit auch zu seinen Aufgaben gehören sollte, besonders dann, wenn einem solchen nach dem fünften Viertel Wein das heulende Elend überkommt und er erzählen muss, dass er gerade mit dem Schickeriaweibchen, sie frustriert natürlich als Arztehefrau mit künstlerischen Ambitionen usw., er aber doch verheiratet und Frau und Kinder usw. Und nun alle Leute der *Sunt qui* darüber rätseln, ob denn und von wem die angehende Galeristin schwanger sei oder nicht. Für solche Probleme ist natürlich ein Pressereferent auch als Reverend zu gebrauchen. Diese Geheimnisse zu kennen, zeichnet den guten Pressesprecher aus. Wer sie nicht erfährt, hat kaum Chancen, bzw. führt seinen Chef oder seine Chefin ins politische Abseits. Denn nicht eine gute oder schlechte Politik - was immer das auch sein mag - bestimmt meist das Schicksal des Politikers, sondern die Berichterstattung darüber. Und diese wiederum hängt davon ab, ob es der Pressereferent versteht, seinesgleichen auf der anderen Tischseite ebenbürtig zu sein oder zu scheinen.

Das Heulen mit den Wölfen war es, was der junge unbekümmerte Besucher eines Tages lernen wollte und sich deshalb um den Job bewarb. Andere hatten das auch schon getan, doch er bestach nun durch seine jungenhafte Art, vielleicht auch, weil er schon einige Interna der *Sunt qui* kannte und mit dem richtigen Gefühl für *timing* ausplauderte.

Nun also sollte er die Stelle antreten, die sein Vorgänger verlassen hatte. Beide hatten einmal so still vor sich hinstudiert, beiden gelang es, einen Job zu erhalten, der nur den *Sunt qui* vorbehalten bleibt, um den zu erreichen, Normalbürger, Dumme also, sich mit vielen Staatsexamen und Promotion abquälen müssen, und dann aber doch chancenlos sind, weil sie ohne Chuzpe auf die Welt kamen. Und Chuzpe ist das Nahrungsmittel von *Solchenen.*

Unser Pfälzer bekam den Job auch wegen seiner Ehrlichkeit, die beeindruckte, denn er wollte ja eigentlich in andere Fußstapfen seiner Familie treten: Priester werden vielleicht oder gar Missionar. Das Gewissen dafür, der Glaube auch waren vorhanden, nur halt seine Ehrlichkeit stand im Weg. Denn gibt es nicht in der Kirche ein Lied *Maria zu lieben, ist allzeit mein Sinn*? Was aber, wenn einem beim Namen Maria nicht die Mutter Gottes, sondern halt eben immer die Andere einfiel, die Langhaarige, mit der man usw.? Konnte man da guten Gewissens wirklich weiterhin in Speyer die bewusste Vorbereitungs-Schule besuchen? Und so führte ihn die Ehrlichkeit über das Vorzimmer in das Zimmer zur Macht. Schräg über dem Gang, die schwere Glastür zeigt die Zimmernummer an, wird sein Büro sein, so aufgeräumt wie immer, so durcheinander, wie sein Vorgänger es ihm hinterlassen hat und wie er es seinem Nachfolger hinterlassen wird.

Nun sitzt er am Schreibtisch und soll verkaufen, wovon er zunächst nichts verstand. Aber ein guter Pressesprecher muss ja nur das Wie des Verkaufens, nicht aber das Was können. Wie er dann ja später auch nur ein Programmschema, nicht aber den Inhalt eines Programms vertreten muss. Warum aber setzt man nun seinen Ehrgeiz ein, das Seichte der privaten Sender zu übertreffen?

Der Pressereferent muss eine möglichst gut »gestylte« Politik so verkaufen können, dass diejenigen, die auch nichts davon verstehen, aber darüber berichten, der Ansicht sind, sie hätten von der Sache eine Ahnung. Wichtig ist es also nicht, einen Inhalt zu verstehen, sondern zu begreifen, dass die anderen auch nichts verstehen, ihnen aber das Gefühl zu vermitteln, dass sie alles verstünden. Dies zu verstehen, ist Sache des Pressesprechers, die man nicht in noch so vielen Seminaren des gerade gegründeten Instituts für Publizistik der Pythia vom Bodensee lernen konnte, sondern eben »man hat's« oder »man hat's nicht«. In diesen Seminaren aber lernte man diejenigen kennen, denen man nun die Sache verkaufen musste. Die Kraft der Überzeugung war gefordert. Und hier war der unverbrauchte Provinzler der Beste unter den *Solchenen*.

Er hatte es schwer. Ein Pressesprecher muss nämlich auch die verwöhnten Ansprüche derer befriedigen, die über die Oberen berichten sollen. Er muss ihnen auch schon einmal vorab die Pressemitteilung so abfassen, dass sie ohne viel Mühe als Eigenbericht der Redaktion vorgelegt werden kann; er muss die Geschmäcker kennen: *Rothändle* bevorzugt der Pfälzer, *Gaulloise* der Kettenraucher, die lange *King Size* war für die Journalistin aus der Pfalz, der besonders milde Tabak für den Altgedienten, der schon die Pressekonferenzen von Peter Altmeier kannte und profihaft einsteckte, was so alles auf den Pressekonferenztischen stand. Pressesprecher müssen verwöhnen können. Wehe, man hat bei den

Schnittchen, die üblicherweise gereicht werden müssen, nicht die verwöhnten Gaumen getroffen! Belegte Brote sind *out*, die Canapés aus dem Schickeria-Feinkost-Delikatessen-Laden an der Ecke zur Mittleren Bleiche waren gerade gut genug. Und Pressekonferenzen finden ja immer zu Essenszeiten statt, damit hungrige Journalisten anständig verwöhnt werden können. Ein voller Magen schreibt nicht negativ. Außer bei Sodbrennen, doch dafür hat ein kluger Pressesprecher auch ein Mittelchen. Je besser das Essen, je besser der Wein, das Bier - und zwar die Schickeriasorte -, je mehr Zigarren und Zigaretten man einstecken konnte, um so besser, d. h. politisch positiver fielen die Berichte aus, wenn sie nicht schon vorgeschrieben und abgelesen durchs Telefon vom Pressebüro aus in die Redaktiosstuben mitgeteilt wurden. Gab es dann noch eine bestimmte Cognacmarke, dann stand der positiven Bilanz der Regierungsarbeit nichts mehr im Wege. Nur wehe, die Cognacmarke änderte sich oder der Mitarbeiter, der die schönen Sachen besorgen sollte, war krank oder in Urlaub und seine Vertretung wusste nicht über die Eigenschaften der verwöhnten Gaumen Bescheid. Ergebnis: Negativer Bericht. Pressesprecher fällt in Ungnade. Muss sich dann mit allerlei Exklusivversprechen bemühen, die Laune der *Sunt qui* wieder zu heben. Dies gelingt meistens. Wehe aber, ein Spielverderber ist darunter. Der muss dann einer Spezialbehandlung unterworfen werden. Persönliche Einladung zu den Oberen, Hintergrundinformationen, wer mit wem und wann und wo usw. Bis der Außenseiter ebenso eingefangen ist, zu den *Solchenen* gehört, dass er *in* ist, d. h. drin ist im Kreise derer, die wissen, wer im Dienstwagen zum Freudenhaus an der Mosel vorfuhr, dennoch einen hohen kirchlichen Ordnen bekam, aber nicht darüber plauderten.

Beiden Seiten ist gedient, wenn der Journalist vom Pressesprecher die Fragen zusammen schon mit den Antworten erhält und der oder diejenige, der oder die von der Sache etwas versteht, möglichst zusammenhängend, oft aber zusammenhanglos berichten kann. Der die vorformulierten Fragen ablesende Journalist wird wegen seiner intelligenten Fragen, die ja seinen Sachverstand belegen, geschätzt. Man fragt, wer ist das denn? Und von nun an ist er oder sie *in*, d. h. er oder sie kann in Zukunft schreiben, was er oder sie will, er oder sie ist der *dolle* Journalist, die *dolle* Journalistin, der oder die es verdient hat, gefördert und unterstützt zu werden. Über ihn, über sie wird gesprochen, er oder sie kann eigentlich nur noch die Treppe hochfallen, wenn er oder sie es sich gefallen lässt, weiterhin nur pflichtgemäß aufzufallen. Ihre Person, seine Person hat sich unverbrüchlich eingedrückt im Gedächtnis, was wiederum er oder sie dem Pressesprecher zu verdanken hat, und der Pressesprecher den Dank zu spüren bekommt, wie *doll* er die *Sunt qui* informiert hat und für die eigene Sache begeistern kann.

Wer intelligent abkupfert, wird in der Regel mit der Bestnote versehen. Da können sich Originale noch so sehr abstrampeln. Das A und O des Pressesprechers ist der gesunde Menschenverstand, der die persönlichen Eitelkeiten beider Seiten zu erkennen versteht und versucht, mit beiden Parteien solange auszukommen, wie es das Gewissen aushält. Das alles zur Zufriedenheit zu regeln, erfordert schon eine Portion Geschick und Spürsinn, vielleicht auch ein wenig Glauben an eine heile Welt. Dieser Glaube half und führte dazu, dass unser junger Pfälzer seinen Job zur Zufriedenheit aller ausfüllte. Besonders als er noch ein nobles Geburtstagsgeschenk für die Obere drucken ließ, das natürlich der Steuerzahler bezahlte. Doch dann wurde der Schreibtisch geräumt.

Schon lange war der Wunsch gehegt, aber nicht ausgeplaudert worden. Denn dies zum unrechten Zeitpunkt getan, wirkt wie Hochverrat, gibt Gerüchten Anlass. Ähnlich wie das Timing der Pressekonferenz, ob der gefüllte Magen für gute Berichte sorgen kann, muss der günstige Zeitpunkt für das Abschiednehmen gewählt werden. Sehr sorgfältig, sonst trifft der Bannfluch der Gewählten den Erwählten, und die begonnene Karriere endet in der Versenkung. Doch wohin? Spötter sagen, dass in der Hauptstadt eine Fernsehanstalt errichtet wurde, um die vielen Pressereferenten mit Nachfolgejobs zu versorgen. Wer sich das Wohlwollen erhalten hat, bekam die Chance: **Z**u **D**en **F**uttertrögen!

Aber halt, da gab es doch den Fall des Vor…gängers, der auch diese Chance erhalten und wahrgenommen hatte und schließlich erleben musste, dass die Futtertröge dort doch nicht so reichlich gefüllt sind. Etwa zehntausend Mark im Monat waren auch vor vierzig Jahren schon recht wenig, wenn man eine Familie zu versorgen hatte und dabei war, ein Häuschen zu bauen. Und so musste dieser auch noch bei Oberen um einen Bausparvertrag betteln. Ja, ja, solche Schicksale gab's schon damals in unserer Republik. Gerade dieses Schicksal vor Augen weckte auch Zweifel, den Schreibtisch im zehnten Stock mit der Ungewissheit in einer neuen Anstalt zu tauschen. Letztendlich entschied sich aber unser Pfälzer, die Stühle zu tauschen.

Seine erste Aufgabe war es, für seinen neuen Chef ein Grußwort bei der Eröffnung einer Bilderausstellung - im Schickeriadeutsch *Vernissage* genannt - bei irgendeiner Sparkasse in der Provinz zu sprechen. Da war man nun ganz schön aufgeregt. Doch ein Pfälzer meistert auch dies, war ihm doch durch seine frühere Tätigkeit der Eintritt in diese andere Geisteswelt geschaffen worden. Auch hier gilt nämlich Hans Christian Andersens Märchen *Des Kaisers neue Kleider*. Was damals gelernt wurde, kommt nun zur Anwendung. Wehe, es kommt dann so ein *Backwoodsman* und bezeichnet einen Klumpen ranziger Butter als ein stinkendes Etwas und lobt nicht diese kunstvolle Verbreitung des bestialischen Geruches als eine Erlebniswelt kreativer Fantasie! Der gesunde Menschenverstand hätte das stinkende Elend in die Mülltonne befördert, die gezielte Ausbildung aber in der Welt des Scheins wusste die televisionären Lobsprüche in gekonnten Sätzen loszuwerden. Denn man wollte ja weiterhin *in* sein und nicht *out*. So nimmt man denn aus sozialen Gründen teil an der Bewunderung der *Klei-*

der. In ist es nun, sich im maßgeschneiderten Anzug und im Nobelrestaurant über die Hunger leidenden Kinder von Peru zu sorgen. Schließlich genoss man auch in anderen Schickerialokalen ein überaus gediegenes Abendessen, bestehend aus zwei Erbsen an Tunke, einem Hauch von feinstem Lamm an einem Blättchen Spinat und betrank dann den immer noch nicht gestillten Hunger ob der so vornehmen und sündhaft teuren Speise mit trockenem Edelzwicker. Was wohl die hungrigen Kinder gesagt hätten? Aber das soziale Gewissen ist bei den *Solchenen* ein konventioneller Konversationszwang des Small-talks wie zu Zeiten des Wirtschaftswunders das Klimpern mit den Klunkern. So aß man denn nicht aus Gründen des Hungers von den silbernen Tellerchen, sondern aus purer Selbsterhaltung. Und wer möchte dabei den ersten Stein werfen?

Unvergesslich der Anblick eines ehemaligen Mitarbeiters, Ende fünfzig, eines redlichen Familienvaters, fleißig, sparsam und rechtschaffen, der einmal zu einem solchen Mahl geladen war. Denn nicht aus Zuneigung, sondern aus Gerechtigkeitsgründen wurden manche Mitarbeiter einmal zu einem solch opulenten Mahl mitgenommen: Er konnte nur noch den Kopf schütteln, dass man für irgendeine stinknormale Fleischbrühe - natürlich mit französischem Namen - und für ein daumennagelgroßes Stück Fleisch an irgendeiner französischen Tunke mit zwei Möhrchen fast acht Stundenlöhne eines Arbeiters bezahlen sollte. Sein Pech oder seine Unwissenheit war es, was das Kopfschütteln auslöste. Warum guckte er auch in die Speisekarte, d.h. Preisliste, wenn er eingeladen war?

Wie oft dachte dabei unser Freund an die gute Pfälzer Küche zurück, an seine Mutter, die wusste, wie man eines Pfälzers Magen verwöhnte. Jetzt in der neuen Umgebung galt es nicht mehr, etwas Gutes und Nahrhaftes zu essen, sondern jetzt wurde gegessen, was *in* war. Australneger essen heute noch Ameisen, und die Delikatesse der Jet-Set-Schickeria auf Korsika sind Maden, die in Käselaibern sich dick gefressen haben, also nur aus Käse bestehen und genüsslich von den *Sunt qui* gelutscht werden. Etwa so wie eine Trockenbeerenauslese bei der Weinprobe einer Weinbruderschaft.

Doch vielleicht war es auch das Fingerspitzengefühl im Umgang mit eben diesen *Solchenen*, die den Erfolg bestimmten. Geflissentlich einfließen lassen, dass man es sich als Student schon bei Walderdorff hat schmecken lassen, macht Eindruck, zeigt lifestyle, vermittelt ein Ambiente, dass man weiß, wie die Akzente zu setzen sind. Nur zu verständlich ist es dann, dass man aus exklusiven Restaurants die Leib- und Magenspeise mitgebracht bekam: Zürcher Geschnetzeltes, aber ja nicht so viel! Und dann saß man zwischen den Telefonapparaten und vor dem Papierwust und mampfte im zehnten Stock mit Blick auf das Goldige Mainz das Mitbringsel unter den bewundernden Blicken der Mitarbeiter. So wurde einem das Gespür für Sentimentalitäten ausgetrieben.

Eigentlich schade, denn ohne Zwang ereignete sich all dies, denn sein Wille war ein anderer. Er wusste sich dann zu beweisen, dass er ein anderer sein konnte. Des *Kaisers neue Kleider* wurden noch rechtzeitig erkannt, das Heulen mit den Wölfen eingestellt, nur einmal noch im Jahr, wenn alte Anhänglichkeiten auf einer Pfälzer Burg gefeiert werden, wird das alte Kleid wieder angelegt - aus sozialen Gründen. Schließlich kann man sich doch nicht so schnell ändern.

Denn wer gleich von Anfang an des *Kaisers neue Kleider* sieht, ist bei den *Sunt qui out*, hat nie mehr eine Chance *in* zu werden, was sozialen Abstieg bedeutet. So geschah es einem, der auszog, nicht das Fürchten zu lernen, sondern der die Cleverness seiner Heimat dazu benutzte zu überleben. Damit hat er aber den Pfälzern ein Denkmal gesetzt, es sind keine Backwoodsmen, sondern rechtschaffene Leute, die auch auf das Timing achten. Keine *Sunt qui* oder *Solchene* also, sondern *Pälzer Leit*.

Ein liebenswürdiger Hauensteiner.
Eckhard Braun (1956-2013).

Was war er? Ein Autodidakt? Ja! Wenn man seine Neugierde beschreiben will. Besser aber, wenn man beschreiben will, dass er von sich aus anfängt zu denken. Selbst will er sein. Was war er? Historiker? Ja! Wenn man seine ausgezeichnete Dissertation in die Hand nimmt. Was war er? Schriftsteller? Ja! Wenn man seine vielen Erzählungen, seine romanhaften Schilderungen nicht nur der Zeitläufte liest.

Wenn es keine Beleidigung wäre, könnte man sagen, dass Kurt Tucholsky, einer der Totengräber der Weimarer Republik, seine helle Freude an vielen seiner Texte gehabt hätte. Doch Eckhard Braun mit Kurt Tucholsky zu vergleichen, das ist für ihn eine Beleidigung. Tucholsky wollte kaputtmachen und machte kaputt, und wurde und wird deshalb immer noch von den Kreisen der sozialistischen Verneiner gefeiert. Braun führte zwar eine scharfe Klinge und sarkastische Zunge, doch nicht in der Absicht zu zerstören und kaputt zu machen, sondern um gut alttestamentarisch abzuschneiden, was verfault ist. Böllsche Metapher wird sichtbar: Es ist etwas Verfaultes in unserem Staat.

Verwoben wird diese Kritik zum Beispiel in seiner Erzählung *Sturm im Land* in der bekannten Art des Gespräches unter Gesinnungsgenossen, unter Freunden; ja, auch unter Gefährten des Leidens an der Gegenwart. Die gesellige Runde als literarischer Topos ist bekannt, nicht erst seit der *Feuerzangenbowle*, nicht erst seit Münchhausen und nicht erst seit der Fernsehbearbeitung von *Am grünen Strand der Spree*.

So beginnt es:

Am großen Tisch neben dem seufzenden und knackenden gusseisernen Ofen saß an diesem Abend zu Beginn des Novembers 1992 eine Gesellschaft von vier jungen Männern um die vierzig Jahre in der sonst leeren, kleinen Gaststube …

Trefflich sind diese vier Personen gezeichnet. Wer ihre realen Vorbilder kennt, weiß, dass sie so reden, wie Luther es empfohlen hat; weiß auch, dass sie so denken - sie leben. Trefflich sind aber auch die nicht völlig fiktiven anderen Gestalten beschrieben, die schon in früheren Arbeiten von Braun lebendig wurden. Vor allem Kelly Bond und sein notwendiger Kontrast, seine Ergänzung, die ebenso selbstbewusste wie liebliche Angela Ainciss, und die Freunde Ward Simon und Jim Morgan.

Der Ort der pfälzischen Tafelrunde in der Erzählung Sturm im Land zum Beispiel ist nicht zufällig gewählt. Sie findet auf einer pfälzischen Burg statt. Nicht mitten im Wald gelegen, sondern am Haardtrand. Der Blick geht, wenn es möglich ist, in die Ferne. Eine beziehungsreiche Standortwahl, die die Enge ausschließt. Die Zeit: November. Der Monat des Erzählens. Die Abende des Erinnerns, des Besinnens. Und es gibt viel zu reden für Schlecht, Schwarz, Werktal und Kallich.

Zunächst ist es nur ein unsystematisches Ausbreiten von Gedanken. Brainstorming, während draußen der Novemberwind die Flagge im Wind zerzaust. Mitgebrachte Manuskripte und Notizzettel liefern den Stoff, der zu allerlei ernstem Nachdenken führt, unvermeidlich auch zum Zergrübeln. Ist es nicht so, dass Nachrichten, Zeitungsmeldungen eigentlich oft nichts anderes als lächerlich wären, würden sie nicht tatsächliches Geschehen abbilden? Frappierend, was der Beobachter der Zeit, der aufmerksame Leser zwischen den Zeilen also, feststellen kann, feststellen muss, wenn er Demokrat sein will und kein Zerstörer der so mühsam errungenen freiheitlichen Ordnung. Das letzte gesprochene Wort des Romans nennt denn auch sein Anliegen beim Namen: *Courage*!

Als Demokraten sind wir aufgefordert, den sich um uns herum auftürmenden Unsinn an nicht demokratischem Gehabe in Politik, Gesellschaft und Medien zu benennen. Wie soll ein normaler Mensch auch anders reagieren, wenn er am 14. Februar 1993, mitten in der politischen, wirtschaftlichen und sozialen Krise, in seiner Sonntagszeitung liest, dass nach Meinung des Vorstandsvorsitzenden eines ebenfalls krisengeschüttelten Nobelmarken-Autokonzerns der deutsche Bundeskanzler zu wenig verdiene? Wenn er liest, dass es völlig unvertretbar sei, den Regierungschef einer Demokratie geringer zu entlohnen als diesen Vorstandsvorsitzenden, der offenbar fest daran glaubt, sein astronomisches Gehalt auch ohne Gewissensbisse verdient zu haben?

Die Dinge beim Namen zu benennen, dies war und ist in einer Diktatur tödlich. In einer sich der Freiheit des Denkens und Redens verpflichtet fühlenden Demokratie kann es oft Existenz gefährdend sein - welcher Zeitgenosse, der sich nicht anpassen und stromlinienförmig durchs Leben marschieren will, hätte das nicht schon am eigenen Leib verspürt? Michael Kohlhaas ist keine fiktive Gestalt. Doch wer verpflichtet unsere Schüler eigentlich, das von Kleist dargestellte Schicksal dieser realen Figur kennen zu lernen? Muss man doch denen recht geben, die uns solche Beispiele vorenthalten, damit es keine Zweifler, keine altdeutschen Demokraten mehr gibt? *Historia magistra vitae.* Es soll eben nicht (mehr) bekannt sein und werden, welche Erfahrungen frühere Generationen schon gemacht haben. Umso leichter für die Regierenden von heute. Denn sie können dem betreuten Volk jede neue blödsinnige Eingebung als Fortschritt zum Gelobten Land verkaufen. Woher soll auch andere Information kommen?

Warum wird verächtlich gesprochen, dass Stammtischgerede undemokratisch sei? Warum wird unkritisch zugestimmt, wenn einer der Oberen eine Kritik als Stammtischaussage denunziert? Hat man in unserer so demokratisch gesinnten Zeit vergessen, dass offene Gespräche im Wirtshaus, dass festliche Bankette, die von Reden geziert waren, die Urform demokratischen Strebens und Gelingens darstellten? Braun weiß das, und er scheut es zum Besten für Form und Inhalt seines neuen Buches nicht, sich zu dieser Tradition zu bekennen.

Government by discussion, so lautet der alte liberale Grundsatz. Heute scheint Gesprächskultur nur noch als gefällige, an der Oberfläche bleibende bloße Form in niveaulosen Talkshows geduldet zu sein. Für Friedrich Engels war das Wirtshaus die Bühne der Demokratie. Nicht das Klüngeln in den Hinterzimmern von Parteien- und Medienpalästen ist Kennzeichen für Demokratie, sondern das freie Wort eines freien Bürgers; unter freiem Himmel oder am Wirtshaustisch, der keine Rangordnung kennt. *Wir wollen sein ein einig Volk von Brüdern* lässt Schiller den Wilhelm Tell ausrufen. Heute muss man ergänzen ... *ohne Spitzel und Denunzianten, ohne Ellbogen auf dem Weg zur Karriere!*

Doch ist dies heute noch möglich? Ist Kritik heute nur noch möglich, wenn sie ausdrücklich und unter konsequenter Vermummung in die Kunstform eines Romans gegossen wird? Nicht zufällig lässt Braun seine Tafelrunde einen Erlebnisaufsatz, ein offenes Wort bereden, das Anstoß erregt hatte, deswegen unterdrückt wurde und durch dieses Schicksal noch mehr wirkt als durch seinen Inhalt; freilich nur bei den wenigen, die um diesen einen speziellen, aber keineswegs einzig dastehenden Vorgang wissen. Braun gehört zu diesem Kreis, er weiß, wovon er spricht. Der Verfasser dieser Zeilen weiß es. Veröffentlichungsverbot und Druckverbot sind nicht nur Kennzeichen totalitärer Staaten. Wer heute vorgibt, sich Hambacher Traditionen verpflichtet zu fühlen, kann sich offenbar unkritisch und unter dem Beifall vieler zum - *demokratischen* - Zensor aufschwingen. Begriffe bleiben, doch die Inhalte werden ins Gegenteil verkehrt. George Orwell lässt grüßen. Denn seine Utopie ist schon Vergangenheit und Gegenwart.

...Courage! Bert Brecht gibt uns ein Beispiel des sich Durchschlagens in einer lebensgefährlichen Zeit. Darf man heute aber nicht mehr aufschreiben, muss man nur zuhören, was andere sagen? Wer meckert, wird allzu bald zum Querulanten abgestempelt. Doch ohne Meckern säßen wir heute noch in den Höhlen des Pfälzerwaldes - andere säßen dann aber auch nicht dort, wo über Erlaubtsein und Verbotensein bestimmt wird. Warum bestimmen aber immer nur diese anderen? Sie und sonst keiner...

Welche Form des Protestes ist heute eigentlich noch möglich? Hier liegt in gut pfälzischer Manier ein Buch vor, das die Zeit/Geschichte ohne salbungsvolles Herumreden als das entlarvt, was sie immer war: Die Geschichte der Mächtigen nämlich, die schon immer, je nach Zeitgeist mit unterschiedlicher Begründung, die vielen Namenlosen missbraucht haben. Geschichte ist doch nur die Lüge, auf die sich die Mächtigen geeinigt haben. Braun hat diesen Namenlosen Namen gegeben. Kelly Bond, ein Mutiger vom Zuschnitt eines Helden aus dem Wildwestfilm, macht seinen real existierenden Ängsten, macht seinem Zorn und seinem Verletztsein Luft, gerade weil er auch genau weiß, was Soldatsein bedeutet. Welcher aufrechte Demokrat und Feind der Kreuzzugsapostel könnte ihn nicht verstehen? Er spricht hier und jetzt laut aus, was hinter vorgehaltener Hand geflüstert wird, weil es (noch) nicht als opportun gilt, es offen auszusprechen, weil (noch) nicht genannt werden darf, was (noch) nicht sein darf. Braun ist keiner, der erst hinterher vorgibt, es schon immer gewusst zu haben. Kein Wunder, dass ihn die pfälzische Historikerschickeria nicht mochte!

Wann aber hat das deutsche bundesrepublikanische Versteckspiel ein Ende? Müssen erst die Ewiggestrigen kommen, damit wieder konsensfähig gesagt werden darf, was Mord ist? Konsensfähig zwar, aber nicht allumfassend und ehrlich, sondern in einer ganzen Welt von Gewalt reduziert auf das politisch Opportune? Warum bewegt man sich wieder am Rande des existenziellen Abgrunds, wenn man unzeitgemäße Wahrheiten ausspricht? Warum kann es heute sogar gefährlich sein, den Figuren eines Romans zuzustimmen?

Braun bietet einen Ausweg an. Er, der Pfälzer, verweist auf preußische Tugenden. Das Kapitel *Frideriziana* und die in diesem Sinn folgenden sind ein Lehrstück praktischer politischer Hygiene. Doch manche werden lieber weiterhin von Mehrheiten bejubelt herumlaufen wollen, als sich auf handfeste Tugenden menschlichen und politischen Anstands zu besinnen. Manche werden sagen, ein solcher Anspruch sei arrogant, sei aristokratisch - nicht nur ein Kelly Bond jenseits des Atlantiks setzt sich solcher Schelte aus! Na und? Wer sagt denn, dass mit der Mehrheit als Legitimation auch die Qualität zum

Teufel gehen muss? Sollen auch hier Einschaltquoten die Inhalte bestimmen?

Der Ausdruck deutscher Sonderweg ist nicht nur ein Klischee für die Beschreibung nationaler Entscheidungen. Könnte es sich nicht erweisen, dass Deutschlands Chance eben darin lag, am Beginn des ganz Europa vergiftenden imperialistischen Taumels nicht dabei gewesen zu sein? Dann aber wollte man *europäischer*, das heißt hier: *imperialistischer – nicht nationalistischer -* sein als die anderen. Das Ergebnis ist bekannt: 8. Mai 1945.

Wiederholt es sich heute nicht schon wieder, nur mit anderen Vorzeichen? Beschreibt Kelly Bond nicht die widerwärtige Art des zynischen Wettlaufs zum *dulce et honeste est pro Nato et Uno et cetera mori*? Warum werden erneut Kreuzzüge gedacht und angefangen? Letztendlich ist es eine Frage der Ethik: Darf man alles, wozu man in der Lage ist und wozu die Mehrheit ja sagt?

Das Beispiel der vom Atomkraftwerk verseuchten Erde führt gleich am Anfang des Buches in das Thema Verantwortung ein. Jagdbeschreibungen, die scheinbar so gut zu den Natur, sogar Idyll beschreibenden Eingangssätzen des Buches passen, werden plötzlich zur Beschreibung des Sicherheitsrisikos. Schließlich erlegt sich ein Jäger, einer der Mächtigen, selbst. Ein Kernkraftwerk kann sich selbst nichts antun! Es ist kein Triumph in der Beschreibung dessen, wie verschiedene

Menschen auf die Zwänge, auf ihre eigene Ohnmacht reagieren, ganz gleich, ob sie sie in sich selbst meistern oder daran zugrunde gehen. Noch nicht einmal dann Triumph oder zumindest Befriedigung, wenn ein Mächtiger trotz seiner Macht an seinem seelenlosen Götzen scheitert, der notwendigerweise nur anderen etwas antun kann.

Courage! Braun zeichnet im Großen und im Kleinen zahlreiche Bilder dessen, worin er als Pfälzer lebt, worin wir letztlich alle leben, von der Pfalz bis nach Hollywood. Mut und Treue, Wut und Hoffnung, Lebensfreude und Verantwortung: *Sturm im Land* ist ein pfälzisches Buch, das nicht nur geographisch weit aus einem rein regionalen Bezug hinausgreift. Doch ist heute nicht ein Ausgestoßener, wer auf die Hybris der Macher verweist? Derjenige, der mit der Hybris umzugehen vermag, er ist nur zu oft der Bewunderte. Gilt heute nicht der Satz: Souverän ist, wer ignoriert? Des *Kaisers neue Kleider* lassen grüßen. Damals hatte der Junge den Kaiser entlarvt. Doch wo bleibt der Junge, der die Wahrheit spricht?

Eckhard Braun kann für sich in Anspruch nehmen, dem Jungen eine Stimme gegeben zu haben

Das Rosenmädchen

Der französische Imperialist Napoleon I. wird oft mit
dem Führer des Nationalen Sozialismus Adolf Hitler
verglichen. Die Urteile des Nürnberger Prozesses
(1945/1946) gegen die Kriegsverbrecher dieser Zeit
wiederholten eigentlich nur, was einmal Siegermächte
gegen einen Franzosen formuliert hatten:

E*r hat sich außerhalb der bürgerlichen und sozialen Beziehungen gestellt und sich als Feind und Störer – Perturbator - des Weltfriedens der öffentlichen Ächtung
ausgesetzt...außerdem hat er sich als unverbesserlicher
Feind der öffentlichen Ruhe erwiesen und fortan keinen
Anspruch mehr auf den Schutz irgendeines Vertrages
oder Gesetzes ...*

Mit dieser Verdammung durch die Siegermächte wurde
am 13. März 1815 der Kaiser der Franzosen versehen.
Sie wurde von den führenden Staatsmännern der europäischen Nationen zu Beginn ihres triumphalen Feldzuges gegenüber dem imperialistischen Führer der Franzosen unterzeichnet. Mit der Benennung als *Feind und
Störer des Weltfriedens* wurden Begriffe aufgenommen,
die seit dem Mittelalter zur Bezeichnung des Antichristen, des Teufels dienten. In der Bibel wird dieser *Perturbator* genannt, als der Durcheinanderbringer der göttlichen Ordnung. Doch so mag dies von den Staatsmännern der damaligen Zeit gesehen worden sein. Aber wie
sah damals der einzelne Bürger Napoleon I.? Dies ist
schwierig festzustellen. Sicher aber dürfte sein, dass es

auch in unserer Gegend Personen gab, die durchaus den Kaiser der Franzosen als Wohltäter ansahen. Warum?

Der Kaiser hatte nämlich verfügt, dass jeweils zum Jahrestag seiner Krönung, die am 2. 12. 1804 in Paris erfolgt war, Hochzeitspaare mit Geld ausgestattet werden sollten. Diese Bestimmung erweiterte er sechs Jahre später noch auch auf den Tag seiner Vermählung mit der Habsburgertochter Marie Luise am 22. April 1810. D.h. zweimal im Jahr bestimmte der Kaiser, dass Hochzeit und Aussteuer seiner Untertanen von der öffentlichen Hand zu bezahlen seien. Wer wollte dabei den Kaiser als Teufel empfinden bzw. beschreiben?

Von 1801 bis 1814 gehörte die Pfalz zu Frankreich, weshalb die Verordnungen der französischen Regierung auch hier in unseren Dörfern durchzuführen waren. Aus dem vorderpfälzischen Lambsheim und Mutterstadt sind uns solche Vorgänge überliefert, die als *Hochzeit der Rosenmädchen* im pfälzischen Volksmund bekannt wurden. Eine Verordnung lautete:

Alle Jahre auf den 2. Dezember als den Tag der Krönungsfeier Seiner Majestät unseres Kaisers soll ein armes tugendhaftes Mädchen ein Heirats-Geschenk von 600 Franken erhalten.

Die Gemeinden mussten drei heiratswillige Mädchen auswählen, aus denen der Präfekt des Departements eines auswählte, das hinfort als *Rosenmädchen* oder *Kaisermädchen* bekannt gemacht wurde. Die Kriterien für die Auswahl waren genau vorgeschrieben:

Die Ansprüche auf die Wohltat begründen sich in gottesfürchtigem Betragen, in dem Gehorsam gegen Eltern und Vorgesetzten, in ausgezeichneten Sitten und Arbeitsamkeit.

Es kamen nur Mädchen christlicher Konfession in Betracht, so dass in der Regel jeweils ein Mädchen der reformierten, lutherischen und katholischen Konfession vorgeschlagen wurde. Mädchen jüdischen Glaubens wurden abgelehnt. War die Auswahl getroffen, das Mädchen immer noch zur Heirat willig, musste die Gemeinde die Hochzeit ausrichten und zunächst auch bezahlen, was zur Feier gebraucht wurde:

Die Hochzeitsmusik, das Hochzeitsmahl zu Ehren der Braut und ihrer Gäste, die Erfrischungen der Burschen, welche geläutet und geschossen hatten, das seidene Halstuch, um welches die das Fest verherrlichenden weiß gekleideten Mädchen das Los geworfen haben und den Rosenkranz und den Rosenstrauß der Braut.

Der frühere Lehrer Heinrich Lützel aus Mutterstadt hat in den *Heimatblättern für Ludwigshafen* veröffentlicht, dass es in Mutterstadt im Jahr 1810 folgende *Rosenmädchen* gegeben hat: Margareta Elisabeth Repp, 21 Jahre heiratete den „pensionierten Militär" Adam Ullrich, 26 Jahre. Marie Katharina Hoffacker, 26 Jahre, heiratete den Veteran Jean Georg Steinkönig, 26 Jahre. Die Namen Repp, Ullrich, Steinkönig und die Namen mütterlicherseits der Eltern Biebinger und Koetz sind bis auf den heutigen Tag noch in Mutterstadt und Umgebung geläufig.

Die heiratswilligen Mädchen mussten sich bald verpflichten, ehemalige Soldaten Napoleons I. zu heiraten. Nur so wurde ihnen die Hochzeitsfeier bezahlt und eine Aussteuer in Höhe von 600 Franken aus der kaiserlichen Staatskasse zur Verfügung gestellt. Der Ablauf des Hochzeitsfestes war auch hier genau geplant:

21. April um sechs Uhr abends Glockengeläute, Gewehrsalven und Austeilung von Geld an die Armen. 22. April vormittags um halb neun Uhr: Versammlung des Gemeinderates auf dem Rathaus. Abholung des Brautpaares durch Musikkapelle, Sicherheitsgarde und 24 weiß gekleidete Blumenmädchen. Nach Ankunft auf dem Rathauses Durchführung der Ziviltrauung. Rede des Bürgermeisters über die besondere Güte des Kaisers. Dann Auszahlung des Geldgeschenkes an die Braut.

Anschließend folgte der Zug mit Musikbegleitung zur Kirche und Einsegnung mit einer Rede des Geistlichen. Es folgte die Bewirtung der Neuvermählten und ihrer Gäste. Mit Tanz und Spielen vergnügte sich die Gesellschaft. Am Abend war dann ein öffentlicher Festball für alle Dorfbewohner vorgesehen.

Leider vergaß – wie berichtet wird - nicht selten die französische Obrigkeit, die versprochenen Gelder auszuzahlen, so dass z.B. die Gemeinde Mutterstadt unter dem Vorsitz des Bürgermeisters Raparlie, das Geld vorstrecken musste. Als dann Napoleon I. 1815 besiegt war, blieb sie auf ihren Ausgaben sitzen. Dem Hochzeitspaar gefiel die Geldspende sicher. Gemeinderat und Bürgermeister dachten aber mit Blick auf die Schulden sicher nicht besonders nett von ihrem ehemaligen Kaiser. Ob sie ihn allerdings schon als als unverbesserlichen Feind der öffentlichen Ruhe bewerteten, darf zu diesem Zeitpunkt noch angezweifelt werden.

Das Martiniweiblein

In bildhafter Sprache beschreibt der rheinhessische Dichter Carl Zuckmayer in seinem Schauspiel *Des Teufels General* die seit Jahrhunderten bestehende vielfältige Vergangenheit der Landschaft am Rhein. Die Pfalz und Deutschland waren schon immer weltoffen. Das brauchte eine aufgeregte Politik unserer Tage aus durchsichtigen Gründen nicht betonen.

Über die in vergangenen Jahrhunderten erfolgte Einwanderung geben Familiennamen Aufschluss. Ein Blick in das Telefonbuch einer pfälzischen Gemeinde führt uns zu den vielen Namen aus Polen, Ungarn, Frankreich, Italien und auch aus der Schweiz. Selbstverständlich haben diese Immigranten auch ihre Religionen, ihre Traditionen und Sitten mitgebracht. Forderten nicht, sondern waren fleißig und arbeitsam. Wurden aber auch nicht mit Almosen überschwemmt. Manches blieb bewahrt, manche Sitte, manches Brauchtum ging aber unter.

Einwanderer aus der Schweiz – besonders im Gefolge des Schweizer Barons Rußicon, der im 18. Jahrhundert Herr auf dem bei Ludwigshafen gelegenen Schloss zu Ruchheim war, oder die Inhaber der Firma Sulzer in Ludwigshafen oder schweizerische Ackerer und Handwerker in Mutterstadt, Böhl-Iggelheim und Ellerstadt, wohin die Vorfahren namens Huber des wohl berühmtesten schweizerischen Pfälzers ausgewandert sind, deren Nachfahre Hoover Präsident der USA wurde, brachten in unsere Gegend ein Brauchtum mit, das inzwischen vergessen ist, das noch im 19. und zu Beginn des letzten Jahrhunderts in der Vorderpfalz gelebt wurde. Allerdings muss es nicht weit verbreitet gewesen sein, denn Albert Becker verzeichnet diesen Brauch nicht in seinem Buch *Pfälzer Volkskunde*.

Die Ludwigshafener Dichterin Hedwig Laudien, nach der eine Straße bei einem großen Elektromarkt in Oggersheim benannt ist, hat vor über 75 Jahren diesen Brauch in einem Gedicht festgehalten:

Das Martiniweibchen

Was fällt dem kleinen Trudchen ein?
Es will Martiniweibchen sein.
Hat angetan der Mutter Rock
Und stibitzt des Vaters Stock,
dazu die Schürze der Lisett
und ihren Schal – na – das wird nett.
Stapft so vermummt im Dämmerschein
Voll Wichtigkeit zur Stadt hinein.
Doch ach, der Spieß, der dreht sich um:
Kein Gassenjunge ist so dumm
Vor diesem Weiblein bang zu sein.
Ein jeder trollt gleich hinterdrein.
Und eh' es Trudchen sich versieht,
ein ganzer Troß schon mit ihm zieht.
Und ist ein Johlen und ein Schrei'n
Und immer mehr sind hinterdrein.
Dem Trudchen wird es bang und heiß.
Muß schleunigst sich dazu bequemen
Galopp, Galopp! Reißaus zu nehmen.

Laudien schrieb in Versform auf, was sie selbst erlebt hatte: *Ich habe das Martiniweibchen so dreckig in Erinnerung wie nur möglich. Es hatte ein Weiberrock an, einen Prügelstock in der Hand. Vor dem Gesicht trug es eine selbst gemachte Larve aus weißer Leinwand, in die ein paar Löcher für Augen und Mund geschnitten waren. Meistens vergnügte es sich damit, gefolgt von einer Kinderschar, in den Straßen herumzuziehen. Kleine Geldgeschenke, Äpfel oder auch Wecke wurden ihm gegeben.*

Doch überliefert ist auch, dass Buben sich in Weiberröcke steckten, sich das Haar mit Mehl bestäubten, das Gesicht weiß anmalten und mit Deckeln, Töpfen und Kochlöffeln ausgestattet durch die Straßen lärmten. Sie drückten auf die Hausklingel und schrien, wenn geöffnet wurde, *'s Martiniweiblein* und rannten fort.

Der ehemalige Ludwigshafener Schulrat und Heimatforscher Karl Kleeberger (1862-1944) hat vor langer Zeit herausgefunden und in den *Ludwigshafener Heimatblättern* (1929) und der *Oberdeutschen Zeitschrift für Volkskunde* (1932) veröffentlicht, dass dieser Brauch vermutlich von der Gestalt der schweizerischen Chlungerin abstammte. Wer ist das?

Die Chlungerin ist eine Unholdin, die über Nacht den faulen Spinnerinnen einen Chlungel, Klüngel, also einen Knoten in das gerade aufgewickelte Garn machte, um sie für ihre mögliche Nachlässigkeit zu bestrafen. Sie erschreckte die Mägde. Später wurde daraus die

Schreckgestalt für Kinder, denen gedroht wurde, die Chlungerin würde sie in den Sack stecken.

Mit *Martini* begann die bäuerliche Hausarbeit, das Spinnen und Nähen. Zu Beginn der „Saison" also mussten die Mägde erschreckt werden, damit das Winterhalbjahr ohne „Zwischenfälle" verlief, d.h. gute Arbeit abgeliefert wurde. Die Chlungerin erschien in der Nacht vom 10. auf den 11. November, also zum Martinitag. Für die Auswanderer aus der Schweiz blieb die Erinnerung an den Schweizer Brauch, Mägde oder Kinder zu erschrecken.

Otto Freiherr von Reinsberg-Düringsfeld berichtet in seinem Buch *Das festliche Jahr in Sitten, Gebräuchen, Aberglauben und Festen der germanischen Völker* (1897), dass auch im belgischen Mecheln, das im 18. Jahrhundert ebenfalls Einwanderungsgebiet für Schweizer war, Kinder der niederen Volksklassen in sonderbaren Verkleidungen – Papiermützen auf dem Kopf, große Schnurrbärte, geschwärzte Gesichter, in türkenähnlicher Tracht - von Haus zu Haus zogen und sangen, um sich Gaben zu erbitten. Allerdings kontrollierte dort die Chlungerin, der weibliche Spukgeist, erst zum Jahresende die Arbeit der Mägde.

Wenn wir uns im Brauchtum weiter umschauen so finden wir mit Kleeberger, dass die Adventszeit früher mit dem Sonntag nach Martini begann. Mit Beginn dieser Adventszeit schwärmten früher mit scheußlichen Masken und großen Stöcken versehene Jungen durch die

Gassen und versetzten die Kinder in Schrecken. Im christlichen Volkstum erschien am 6. Dezember in manchen Gegenden der böse Knecht Ruprecht mit der Rute, in der Südpfalz Hans Trapp, der die bösen Kinder in den Sack steckte. Sowohl beim Martiniweibchen, bei den Adventsburschen als auch beim Knecht Ruprecht und Hans Trapp galt: Die kleinen Kinder das Fürchten zu lehren und zu ermahnen, schön fleißig zu sein – eben wie die Chlungerin dies mit den Mägden gemacht hat.

Heute bedarf es zu gleicher Zeit im November eines anderen Brauches, mit ähnlichem Inhalt aber anderer Herkunft. Er kommt aus der nordischen Sagenwelt und kommt über die USA nach Europa: *Halloween* wird er genannt und verweist auf die spukenden bösen Geister. Als man in der Pfalz diesen Brauch noch nicht kannte, höhlten Kinder Dickrüben aus, schnitten Öffnungen für Augen, Mund und Nase hinein, befestigten innen eine Kerze und stellten diesen *Gespensterkopf* an den Straßenrand, auf den Fenstersims oder trugen ihn in der Dunkelheit spazieren, um Leute zu erschrecken. Heute müssen Kürbisse herhalten, da kaum noch Dickrüben angebaut werden.

Anonymus.
(zeitlos)

Jeder soll nach seinem Vermögen – nicht Geld! – eine Chance erhalten. Privilegien sind angeblich in der Demokratie abgeschafft. Es gibt keine Vorrechte mehr, die eine Bevorzugung rechtfertigen würden. So weit so gut. Wenn es nur eine Partei im Staat gibt, dann kann es folglich auch keine Bevorzugung bei Stellenbesetzungen aufgrund von Parteizugehörigkeit zur Partei A oder zur Partei B geben – logisch. Dies erscheint genau so logisch wie die Tatsache, dass es keine Religionskriege geben würde, wenn die Menschen nur eine Konfession kennten. Da Deutschland aber ein pluralistischer Staat ist, seine Bewohner auch darauf stolz sind, dass es verschiedene Parteien gibt, sozusagen als Kennzeichen unserer Versammlungsfreiheit, wofür die *Hambacher* so trefflich stritten, stellt sich die Frage, wie sich die Obrigkeit – so Martin Luther - an die Neutralität hält, wenn es im Staat, der von Parteien regiert wird, Personalstellen zu besetzen sind: Niemand darf wegen der Zugehörigkeit z.B. zu einer Religion usw. benachteiligt werden, so unsere Verfassung. Darf aber auch niemand wegen seiner Zugehörigkeit zu einer Partei benachteiligt bzw. bevorzugt werden? Natürlich nicht! Deshalb wollen wir einmal aufschreiben, wie es sein könnte, wenn dennoch eine solche illegale Auslese erwogen würde. Dies ist jedoch selbstverständlich reine Fiktion: sozusagen Konditional Plusquamperfekt, Konditional Perfekt, Konditional Präsens, Konditional Futur I und Konditional Futur II.

Beispiel I

Herr A aus B hat aus Zorn, dass er nicht a geworden ist, eine sehr starke Verbandsgruppe gegründet. Seine Frau ist zwar Vorsitzende der Parteijugend, aber in bestem Kontakt mit dem neuen, sehr aktiven Abgeordneten. Auch Ehepaar CC ist sichtlich „kritisch". Herr D agiert intensiv pro Partei und berät die beiden Parteijungen, die Sprecher am Gymnasium sind. Bewertung: E und F geschickt und gut; G reichlich unbeholfen. H ist Partei-vorsitzender im Kreis und glühender Anhänger der Stu-fenschule - er sei U-Boot der Kirche – Kleine Minen könnten dagegen gelegt werden.

Beispiel II

Vorschläge für die Stadt x: I, guter Fachmann, robust, nicht unsensibel; Handlungstyp mit Klugheit, zum Teil cholerischem Aspekt. Aktives Parteimitglied, allerdings dort kein Amt, könnte vom Typ her die politische Kom-ponente mit wahrnehmen. Stammt aus Y, durchEhefrau familiäre Bindung zu Z. Wird sich wohl auch für die Stelle in S bewerben. J kennt I sehr gut..

Beispiel III

K ist guter Fachmann, sehr optimistisch, ruhiger sensi-bler, z. T. etwas introvertierter Typ, aber durchaus Praktiker. Interessiert an z. T. modernsten Reform-ver-suchen; 100% zuverlässig, Solidität. Nur partei-sympa-

thisierend, es fehlt für einen Parteieintritt eine günstige Situation und eine gezielte Ansprache von überzeugenden Personen. Politisch repräsentative Aktivität und Robustheit kann man sich bei K sehr schwer vorstellen. Er ist mit L verheiratet und mit J gut bekannt.

Beispiel IV

In T ist die Stelle zu besetzen. Es liegt nur die Bewerbung von M vor. Alle Instanzen sind damit einverstanden. M fachlich gut, aber kein Mann von uns; nicht Partei gebunden, aber recht kritisch.

Beispiel V

Für die Stelle war N vorgeschlagen; O an zweiter Stelle. Die Nachfrage hat ergeben, dass N total Partei ist. Ausführliche Erkundigungen über Abgeordneten P hat dies bestätigt. Aber N ist doch so freundlich und immer hilfsbereit. Neue Erkundigungen haben ergeben, dass O auf keinen Fall zum Zuge kommen kann. Aber vermutlich wurden schon Zusagen gemacht. Fazit: Stellenbesetzung noch offen, muss in absehbarer Zeit erneut angedacht werden.

Honni soit qui mal y pense! Verdammt sei, wer Böses dabei denkt!

Sind es die Besten?

Am Anfang haben wir Carl Zuckmayers Lob der Besten zitiert. Ob er wohl Walter von der Vogelweides *Preislied* gekannt hat?

...

Von der Elbe unz an den Rîn
und her wider unz an Ungerlant
mugen wol die besten sîn,
die ich in der werlte hân erkant.

 Von der Elbe bis an den Rhein
und wieder hierher zurück bis an Ungarn
sind wohl die besten,
die ich in der ganzen Welt je kennengelernt habe.[1]
…

Wir sind am Schluss unserer Betrachtungen angekommen. Wer andere interessante Personen kennt, möge sie mir nennen: h.j.wu@web.de

---

1 Hermann Reichert, Walther von der Vogelweide für Anfänger, facultas.wuv, Wien, 2009..